U0923585

图2　表扬是激励孩子更好地学习

图3　表扬的目的是激励

图4　批评不是责备、训斥、翻旧账

图5　竞争的目的不是要事事都争第一

让表扬

和批评都是激励

总主编：周文彪

批评与表扬

Criticism and Praise

主　编：陈京平　张炜

中国纺织出版社有限公司

内 容 提 要

本系列丛书共分为《教育与创新》《规矩与成长》《品德与分数》《知识与财富》等 10 个分册。每章节的论述都以著名教育家陶行知先生经典小故事为引导，分别提出论点、论据，彰显了教育家言行一致的风格。每章结尾处又以陶行知本人的行为规范为楷模，不仅能使读者读懂理论，还能感染父母体会“学为人师，行为世范”的家教风格，进一步揭示了“父母的行为要成为孩子的楷模”这一育子理论，加深了读者的深度思考和理解。

图书在版编目（CIP）数据

陶行知生活教育系列丛书. 批评与表扬 / 周文彪总主编；陈京平，张炜主编. -- 北京：中国纺织出版社有限公司，2021.12

ISBN 978-7-5180-9215-4

Ⅰ. ①陶… Ⅱ. ①周… ②陈… ③张… Ⅲ. ①生活教育—儿童教育—家庭教育 Ⅳ. ①G78

中国版本图书馆CIP数据核字（2021）第263194号

策划编辑：闫 星　　责任编辑：刘桐妍　　特约编辑：符 芬
责任校对：高 涵　　责任印制：储志伟

中国纺织出版社有限公司出版发行

地址：北京市朝阳区百子湾东里A407号楼　邮政编码：100124

销售电话：010—67004422　传真：010—87155801

http://www.c-textilep.com

中国纺织出版社天猫旗舰店

官方微博 http://weibo.com/2119887771

三河市延风印装有限公司印刷　各地新华书店经销

2021年12月第1版第1次印刷

开本：880×1230　1/32　印张：63.75

字数：1040千字　定价：398.00元（全10册）

•职业感知
•兴趣爱好
兴趣培养
•学习能力
•兴趣特长
•职业认知
行为习惯
•职业规划
•科普知识
•职业体验
社交知识
•人文地理
•礼貌礼仪
•职业习惯
职业发展
学做真人
生存能力
理财能力
分析能力
组织能力
演讲能力
表达能力
管理能力
专业能力
设计能力
创新能力
创造能力
产业中的教育感悟
专业导向产业延伸
获取
· 知识
· 技能
· 收入
储存
影响力
激励力
组织与授权
监控与检查
职业体验
· 标准化
· 流程化
· 科研化
· 智能化
灵活应用
个人体验
生活经验
领导经验
管理经验
跨学科知识
应用
培养企业拿来即用的
人
· 个人形象
· 维护与辩护能力
· 冲突管理
· 团队工作能力
· 客户导向意识
基础教育
· 角色管理
· 时间管理
· 沟通管理
· 目标管理
· 激励管理
· 绩效管理
· 技能教练
批评与表扬
· 自我定位
· 智能管理
· 科技创新
· 知识传播
企业体验
产教融合
院校教学
岗位体验
职业体验
智商：
认识客观事物，运用知识解决实际问题的能力，掌握处理业务工作所需的技术和工具
情商：
具备处理自己与他人关系的能力
智能养身
运动场
游泳池
健身馆
药膳堂
养生馆
MR体验
职业感知
职业认知
科学实验
技术革新
数学应用
艺术熏陶
创新思维
创新创业
品德修炼
心理调节
情操感悟
教育中的产业渗透
教人求真
社区教育
· 教育与创新
· 规矩与成长
· 品德与分数
· 知识与财富
· 行为与性格
· 尊重与情商
· 勤奋与责任
· 生存与发展
· 音乐与人生
· 表扬与批评
· 专业与职业
· 健康与人生
· 安全与生产
通过产教融合，归纳演绎出：团队竞争力和创新、创造力
形成寓教于乐的教育特色：产教融合、协同育人
“三识”
学识
见识
胆识
显性知识：理论、通用（知道）
隐性知识：经验、教训（会用）

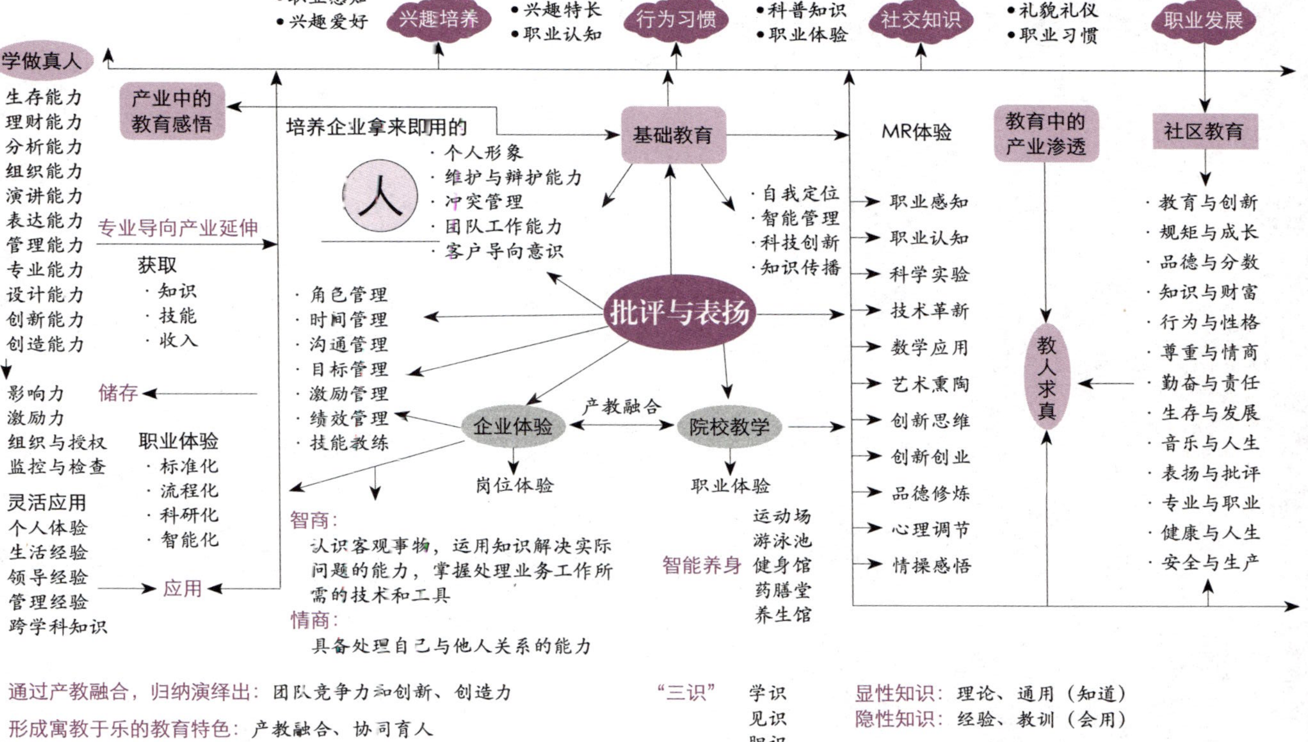

《批评与表扬》框架结构图

TAO XING ZHI SHENG HUO

《陶行知生活教育系列丛书》

JIAO YU XI LIE CONG SHU

各分册主编

第一分册 《教育与创新》 主编 郭洪飞 赵 明

第二分册 《规矩与成长》 主编 罗碧华 杨秀丽

第三分册 《品德与分数》 主编 周文彪 张平原

第四分册 《知识与财富》 主编 刘建清 周 荦

第五分册 《行为与性格》 主编 刘馨阳 郭洪飞

第六分册 《尊重与情商》 主编 周 蔷 李嘉玉

第七分册 《勤奋与责任》 主编 周志平 秦承敏

第八分册 《生存与发展》 主编 刘义光 黎 邓

第九分册 《音乐与人生》 主编 张炜 蒋菡 何薇

第十分册 《批评与表扬》 主编 陈京平 张 炜

序一

闻悉周文彪先生任总主编的《陶行知生活教育系列丛书》付梓出版，尤其是将家庭教育融入陶行知生活教育思想非常必要。为众多父母在子女教育上坚持“行知合一”，用自己的行为做孩子的楷模提供了良好的借鉴。

随着《中华人民共和国家庭教育促进法》的颁布与实施，重视智力发展，忽视道德培养；重视知识学习，忽视能力培养；重视书本知识学习，忽视劳动实践；重视孩子智力发展，忽视情商培养；重视特长培养，忽视全面发展；重视身体健康，忽视心理健康；重视饮食营养，忽视身体保健的倾向越来越没有了市场，众多教育工作者逐步走向培养孩子全面发展的轨道。

父母与孩子的关系就好比土地和禾苗：土地肥沃，禾苗就茁壮；土地瘠薄，禾苗就瘦弱。家庭教育也是如此，父母的行为时时都在感染、熏陶和“塑造”着孩子的人生，孩子的行为、习惯、个性、性格也正是在父母行为的影响下逐步形成的。

大家都希望自己的孩子能接受到更好的教育，成为更优秀的人，这是为人父母的期望，也是整个教育事业必将要达到的目标，因此，我们万万不可忽略父母行为对孩子的影响。

在众多家庭教育中，有成功的经验，也有失败的教训，很多父母对孩子的期望总会产生极大的落差，其中的原因是什么呢？

一则对孩子的期望值过高。不计其数的父母盲目坚守着“望子成龙、望女成凤”的观念，孩子一入学就对他们提出：一定要考多少分，保持班上前几名，初中要考取某某名校，大学要考上985、211，毕业后要从事某高科技、高科研、高薪资的工作，结果，期望值越高，失望越大。

二则对孩子娇生惯养。很多孩子在家“称王称霸”，在外“一事无成”。其原因就是父母总是把孩子看作“温室里的花草”，对孩子提出的条件无限制地满足，平时这也不让做，那也不让做，忽略了孩子自身的锻炼，致使孩子一旦离开父母，走向社会，连最起码的生活自理能力也没有了。

三则对孩子放任自流。有些父母虽然与孩子住在一个屋檐下，同吃一锅饭，却很少交流，一旦交流就是“考多少分？全班第几名？”孩子做不到，就“一顿唠叨或讽刺挖苦”，这种不注意孩子的心理调适，一味压制，到头来孩子只好选择不和父母交流，有的甚至不想往来，还有的父母与孩子竟然像陌生人一样，孩子也干脆不和父母在一起。

四则对子女过度殷勤。随着生活水平的提高，很多父母对孩子过于殷勤，如吃饭的时候，总是喜欢将椅子、碗筷摆好，饭菜盛好，还有的孩子已经上小学了，还要靠父母喂饭吃。

五则用金钱替代教育。父母用金钱替代教育的现象不占少数，我们是否可以静下心来想一想：这样做究竟给孩子带来的是什么？存款、股票、房产、产业，等等？如此下去，孩子将来又会走向何方？培养孩子全面发展岂不是成了一句“空谈”？

特别引以注意的是：一些父母竟然混淆了家庭教育与学校教

育的关系。把孩子成才的期望全部寄托于学校，错误地认为教育就是学校的事，孩子只要考高分，上个好大学，将来就一定能有个好职业。这个误区实在可怕，大家要明白：家庭是教育的最基本、最基层的单位，学校教育是辅助家庭培养孩子成才的，家庭教育与学校教育的区别只是环境不同、教育者与受教育者之间的关系不同、教育者自身的条件不同、教育内容不同、组织管理不同，家庭教育具有广泛的大众性、强烈的感染性、特殊的权威性、鲜明的针对性、天然的连续性以及人生幸福的继承性和教育的终身性与教育方法的灵活性。

《陶行知生活教育系列丛书》在研究陶行知生活教育思想的基础上，对于家庭教育进行了进一步的深入挖掘、整理和延伸，指出了家庭教育在整个生活教育中的地位和作用，突出了陶行知"追求真理做真人"的为人之道，涵盖了早与迟、宽与严、言与行、家与校等多个层面，给父母在子女教育中以启发。

这套丛书从"品德培养要从健康行为开始""让规矩陪伴孩子成长""时刻提醒孩子规范自己的言行""比考试分数更重要的是品德""给孩子金山不如给知识，再富也别富养孩子""知识转化为生产力才有力量""不要忽略创新在教育中的作用""对孩子的情商培养要从尊重开始""让孩子在挫折中求生存""不要忽视孩子生存能力的训练"10个侧面，提出了一系列比较现实的教育观点，通过生活中的一个个典型案例，论述了父母的行为与孩子成长的辩证关系，比如：父母自身素质、教养态度、教育能力、家庭生活条件、家庭成员之间的关系、家庭的社会背景和社会风气、家庭中错综复杂的冲突与矛盾等。促使父母更加重视"家庭教育的优势与劣势""独生子女教育的优劣""爱而不娇""严而有格”“该管则管，该放则放，管放结合”“发展特长和全面发展”“言教和身教”“说服和实践”“掌握分寸选择机会”等重要问题。

在本套丛书即将发行之际，我们期望父母通过本书的阅读，提升家庭教育观念，支持孩子进行科学、文明、道德的修炼，使之在更多的学习活动中获得更多的自主权，从事更加有益的实践活动，在家庭教育中获得课堂上无法获得的知识和能力，使孩子的个性、知识、人格、情操、体质诸方面得以健康发展，让家庭教育与学校教育相辅相成、互相促进、相得益彰，促使孩子德、智、美、体、劳全面发展。

（俞启定　国内首批获得教育学硕士、博士学位的博士生导师，北京师范大学著名教授）

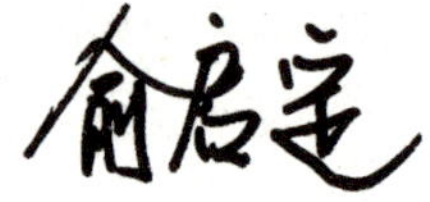

2021 年 11 月 28 日

序二

《陶行知生活教育系列丛书》即将付梓出版，应丛书总主编周文彪先生之邀，特写上以下一番话，表达祝贺之意。

萌芽于1918年，成型于1927年的“生活教育”理论，是陶行知教育思想的核心。

“生活教育”理论是陶行知作为中国现代教育先驱的思想理论基础，开展对“生活教育”理论的深化研究是极具意义的！生活决定教育，教育必须改造生活。“从定义上说，生活教育是给生活以教育，用生活来教育，为生活的向前向上的需要而教育”。

“生活教育”是活教育。“书是不可以死读的，但是不能不活用。”

“生活教育”是“大教育”。它是包括社会、学校、自然、家庭的整个的教育。

“生活教育”是融合教育。通过德智体美劳、军（军事训练）的融合，让学生成为真善美、智仁勇结合的“整个的人”。

陶行知认为，“知识与品行分不开，思想与行为分不开，课内与课外分不开，做人做事与读书分不开，即教育与训育分不开”。求知、品格、赋能的有机结合是学育方式变革的根本途径。

“生活教育”也是“与时代俱进”的教育。唯有与时代俱进，才能成为促进社会不断发展的现代人。

陶行知先生创立的“生活教育”理论，已经成为时代的显学。它揭示了教育的本质，阐明了教育的职能，把握了现代教育的特征与趋势，极具当代价值，也成为新时代教育改革发展的“路向”之一。

在当代，如何深化研究传承“生活教育”思想？可以说，文献式地把陶行知先生的文章、讲话、书信、诗歌等文献资料结集出版的任务已基本完成，诠释式的解读则远远不够！联系实际研究、践行陶行知思想的传承，即把陶行知思想及其教育主张深化研究，汲取其中的思想内核、当代价值并与当代教育实际紧密结合，瞄准当下教育的新问题、新课题，探索教育改革的新思路、新路径尤为重要。

陶行知本身是教育实践的行动家，其教育思想在本质上是一种实践的教育学说，理论与实际结合是“生活教育”的生命力所在，只有从“行知合一”上理解其思想实质，从理论与实践的结合上深化研究，在学育方式变革上深化改革，才是真研陶！

生活是向个体敞开的含有情境和价值的意义总体，包括：教育生活、社会生活、自然生活，当然也包括家庭生活。我国最早在1903年的《教育泛论》中就提出家庭教育、学校教育、社会教育同为国民教育的三大支柱。

学校教育是教育制度的重要组成部分，起主导作用；社会教育是指一切影响于个人身心发展的社会教育活动，起重要辅助作用；家庭教育则是生活中家庭成员之间相互的影响和教育，有着不可替代之作用。

陶行知先生是把三者有机结合的典范。在重庆育才时，其子陶晓光去找工作，因没有文凭，就找人开了张文凭证明。

陶行知先生知晓后非常生气，对其子说："宁做真白丁，不作假秀才"，迅即让其退掉。1940年11月5日，陶行知在写给陶晓光的信中说："城（即其四子陶城）每星期六到堡，我也每星期六来一次，教他一些处事待人之方。"

家庭是重要的教育场所。孩子在家的时间远超过在校时间，家庭的环境，父母的行为无时不在影响着孩子的成长；家庭是孩子的第一所"学校"，父母是孩子的第一任导师，而且是一生永恒的导师。学校的教师是可换的，而父母是无法替换的，父母不但给孩子以生命，而且还要塑造孩子的内心世界。学校里一个班，教师要管理四五十个孩子，家庭一对父母只教育一个孩子，而且孩子接触最多的又是父母，对孩子影响最大的也是父母。一个孩子的健康成长将凝聚着家庭几代人的期望，作为一个家庭，把孩子教育好，比什么都重要。

《陶行知生活教育系列丛书》共分10册，依托伟大的人民教育家陶行知先生提出的"生活即教育""社会即学校""教学做合一"的教育思想，列举了现实生活中的大量案例，反复论证了"教育与创新""规矩与成长""品德与分数""知识与财富""尊重与情商""勤奋与责任""生存与发展""音乐与人生"等之间的逻辑关系，强调了父母培养孩子成长、成才的作用，突出了言传身教、行胜于言的风格，提示大家：父母的行为要成为孩子的楷模！使读者不仅读懂家庭教育理论，还渗透了"学为人师，行为世范"的育人风格。

《陶行知生活教育系列丛书》抓住了陶行知思想内在价值与当下教育的契合点、创新点，拓宽了陶行知研究的新领域，较好地回答了当下教育尤其是家庭教育面临的难点、重点问题，在研究的广度、深度上有了新的拓展。内容符合未成年人家庭教育的需要，具有鲜明的时代特征，贴近生活，教育思想观点基本是科学的，具有可操作性。文字通俗易懂，简单明了，写法生动活泼，适合一般文化水平的父母阅读。

（吕德雄　中国陶行知研究会常务副会长兼秘书长，原“晓庄师范”党委书记）

吕德雄

2021 年 11 月 29 日

序三

由周文彪先生总主编的《陶行知生活教育系列丛书》刚定稿，准备付梓出版之际，《中华人民共和国教育促进法》正式发布与实施，这让我们备受鼓舞。这套丛书的问世恰逢其时，也让家庭教育从传统意义上的“家事”变成了新时代发展，民族进步的“国事”！

《中华人民共和国家庭教育促进法》首先明确了家庭教育概念，“本法所称家庭教育，是指父母或者其他监护人为促进未成年人全面健康成长，对其实施的道德品质、身体素质、生活技能、文化修养、行为习惯等方面的培育、引导和影响”，之后强调了“家庭教育以立德树人为根本任务，培育和践行社会主义核心价值观，弘扬中华民族优秀传统文化、革命文化、社会主义先进文化，促进未成年人健康成长”。同时，《中华人民共和国家庭教育促进法》规定了学校等社会力量对家庭教育的协同任务，规定了“国家鼓励开展家庭教育研究，鼓励高等学校开设家庭教育专业课程，支持师范院校和有条件的高等学校加强家庭教育学科建设，培养家庭教育服务专业人才，开展家庭教育服务人员培训”。不难看出，一方面《中华人民共和国家庭教育促进法》从家庭教育概念，家庭教育主体责任、家庭教育的内容和方式，家庭教育工作机制，国家支持家庭教育的举措，社会力量对家庭教育的协同任务以及国家机关、国家工作人员带头做好家庭教育工作七个方面做出了法定职责与实施规制，从而成为每个家庭及社会各方自觉践行的必须；另一方面，《中华人民共和国家庭教育促进法》还强调了家庭教育、学校教育和社区教育密不可分，由此为各方教育的深度融合与协同育人提供了理论支撑与法律保障。

《陶行知生活教育系列丛书》正是符合了《中华人民共和国家庭教育促进法》的要义，从《教育与创新》《知识与财富》《规矩与成长》《品德与分数》《行为与性格》《尊重与情商》《勤奋与责任》《生存与发展》《音乐与人生》《批评与表扬》10个方面列举了大量案例，剖析了人生的十大要素，不仅启发父母更加注重家庭、家教、家风，增加家庭幸福与社会和谐，配合社会与学校把孩子培养成德、智、体、美、劳全面发展的社会主义建设者和接班人，也为各方面开展家庭教育专业的学习和培训提供了有益的参考书目。期望本套丛书的发行，能汇聚更大的力量，让家庭教育为实现伟大的中国梦发挥独特的作用！

（呼中陶　原北京师范大学党委副书记、北京师范大学珠海分校党委书记）

呼中陶

2021年11月29日

前言

当下的孩子遇到挫折时，心理承受能力越来越脆弱，有的动辄离家出走，甚至产生轻生的念头，在学校只知道做题、考试、争高分，因而，出现了解决生活中实际问题的能力偏差，抗挫折能力下滑，团结协作能力不足等问题。

面对这些问题，父母是否想过：未来社会到底需要孩子具备什么素质、什么能力？没有哪个父母不为了孩子而竭尽全力，但由于方法不当，致使美好的愿望总不能给孩子带来好的结果。

经过大量的社会调查我们发现：95%的父母只顾孩子眼前的考试成绩，一味地追求和攀比孩子的学业成绩，对于孩子平时的行为习惯的成长因素很少问及，尤其是面对孩子在生活中的过失往往采取一些简单粗暴的方式。

当孩子出现问题时，有些父母只是一味地责备孩子，指责学校、社会，是否反思过：自己在面对孩子出现的问题时，其处理方法是否得当呢？当我们意识到社会的各类不良现象影响孩子成长时，是否反思过自己的行为能不能给孩子做出表率……

《批评与表扬》一书深入浅出地提示了："究竟什么是批评？""惩罚和娇纵为什么都不管用？怎样用既不惩罚又不娇纵的方法培养孩子的良好品质？如何消除孩子的不良行为？如何

赢得孩子与父母的合作？如何消解父母与孩子的矛盾？父母的性格、缺点给孩子造成了什么影响？”等诸多长期困扰家庭教育中的敏感问题。书中紧扣“批评与表扬”这一主题，强调“让正确的批评和表扬方式激励孩子成长”，阐明了表扬与批评的辩证关系。

在书稿完成之际，我们要特别感谢著名家庭教育专家、中国教育学会家庭教育专业委员会原理事长、中国当代家庭教育科学研究的开拓者赵忠心同志，北京师范大学原党委副书记呼中陶同志，北京师范大学资深教授俞启定同志，中国社会福利基金会原名誉理事长缪力同志，中国陶行知研究会常务副会长吕德雄同志在百忙中给予的精心指导；特别感谢中国社会福利基金会、中国教育学会、中国家庭教育学会、中国陶行知研究会给予的大力支持，感谢长期关注生活教育的同仁和北京师范大学珠海分校、暨南大学珠海校区、吉林师范大学分院、《福建基础教育研究》编辑部、湖南工程技术职业学院、范家小学、空直蓝天幼儿园等全国 185 位高等院校、中小幼校（园）长、教师参与研究与实践，使本书圆满完稿。

由于本书的编写时间和编者水平有限，不足之处在所难免，恳请广大读者给予批评指正。

2021 年 11 月 29 日

家庭生活教育的四个维度

1	获取生活兴趣的能力	观察视角：准备 / 倾听 / 互动 / 自主 / 达成
2	与父母的沟通互动能力	观察视角：环节 / 呈示 / 对话 / 引导 / 机智
3	新知识理解与评价能力	观察视角：目标 / 内容 / 实施 / 评价 / 资源
4	家庭环境与文化的熏陶	观察视角：思考 / 民主 / 创新 / 关爱 / 特质

阅读本书的观察视角

1	事前准备	孩子做事前准备了什么？是怎样准备的？
		准备得怎么样？准备充分的概率是多少？
		孩子是否养成了事前准备的习惯？
2	耐心倾听	孩子能否耐心倾听你的话？能耐心听多少时间？
		作为父母你能耐心倾听孩子的心声吗？
		倾听时，孩子有哪些辅助行为？
3	与孩子互动	你与孩子有哪些互动行为？能达成目标吗？
		你与孩子互动的时间、过程、质量如何？
		你与孩子就某一问题讨论的时间、过程、质量如何？
		你与孩子户外活动的时间、过程、质量如何？
		你与孩子的互动习惯怎么样？出现怎样的情感行为？
4	让孩子自主	孩子自主学习（活动）的时间有多少？
		孩子自主学习的形式（探究 / 阅读 / 思考）有哪些？
		孩子自主学习有序吗？有无自主探究活动？
		孩子自主学习的质量如何？
5	目标达成	孩子清楚自己的学习目标吗？
		孩子预设目标达成有什么依据？分几个阶段达成？
		近阶段（1 月 / 半年内）生成过什么目标？效果如何？

序号	项目	问题
6	问题环节	问题是由哪些环节构成的？你是否围绕这些问题沟通？
		这些环节是否面向孩子强调问题的关键点？
		你对不同环节 / 行为 / 内容 / 时间是怎么支配的？
7	正面引导	你是如何引导孩子自主学习 / 工作 / 生活的？
		你对孩子与人的合作能力是如何引导的？是否有效？
		你对孩子探究学习是如何引导的？是否有效？
8	挖潜与启智	面对孩子调皮与犟嘴，你的态度和方法有哪些？
		你如何处理孩子调皮和犟嘴？效果怎么样？
		你使用了哪些非言语行为？效果怎么样？
		你哪些行为感化了孩子（语言 / 体态 / 表情）？
9	共同思考	幸福生活是否与知识 / 技能有关？
		对孩子的引导是否有利于问题的解决？
		怎样引导孩子独立思考并自己处理问题呢？
		家庭气氛能否促使孩子独立自主地生活？
10	民主与创新	你与孩子的沟通效果怎么样？
		孩子参与集体活动的时间是怎样的？气氛如何？
		你的行为是否成为孩子的榜样？
		孩子与其他小朋友的关系如何？
		家庭创新设计、情境创设与资源利用有何新意？
		家庭气氛是否有助于孩子成长？你是如何处理的？
		孩子生活有哪些新目标 / 资源？你是如何处理的？
11	关爱与特质	孩子的生活目标是否面向未来？
		你是如何面对孩子的特殊情况的？
		孩子遇到学习困难时，你是如何关注和引导的？
		家庭环境体现了哪些有利于孩子走出困境的因素？
		家庭环境有助于孩子修正错误、健康成长吗？

目录

Part 1 不要滥用表扬

Part 2 让鼓励促使孩子进步

Part 3 批评与批评的艺术

Part 4 成功的关键在于沟通

Part 5 从小就让孩子有竞争意识

陶行知说：爱与陪伴，是父母最应该给予孩子的。每天一分钟，跟孩子交流，多摸摸他的头，给他最温暖的拥抱，让他知道你是多么的爱他。不要在公共场合骂孩子；别总是抱怨他的成绩，剥夺他的爱好……爱孩子，请给他足够的自由和尊重。

不要滥用表扬

- 陶行知经典故事
- 什么是表扬
- 要掌握好表扬的技巧
- 要表扬得恰如其分
- 表扬的氛围要符合孩子的个性
- 要创设适合表扬孩子的氛围
- 要净化表扬的语言环境
- 和谐氛围是保证表扬效果的关键

陶行知经典故事

陶行知对少年儿童求知学习的方法，经常有所指点，最为突出的就是“点石成金”的故事，这也可以说是少年儿童求知学习的最首要、最关键的方法。

在一次育才学校的晨会上，陶校长讲了一个故事：从前有一位很有本领的道人，只要他用手一指，面前的乱石立即会变成黄金。

一天，他让众徒弟坐在他四周，自己用手指点着地下一堆石块，石块立刻都变成了黄澄澄亮光光的大小不等的金块。众徒弟看了又惊又喜，个个拍手叫好。

道人对徒弟说：“每人选一块金子，拿去买点吃用的吧！”徒弟们都扑到黄金堆里去翻拣，有的要选一块颜色最黄的，有的要拣一块亮光最足的，有的想找一块最大最大的，大家东翻西找忙个不停。这时却有一个徒弟，他没有去拿金块，只是呆呆地站在道人旁边，两只眼睛睁得大大的紧盯着师傅点金的手指看，边看边思考。

道人问他：“你为什么不去挑选你一块最喜爱的金子呢？”这徒弟回答说：“金子虽好，但一用就完，我看中了师傅那个点石成金的指头。”讲到这里，陶校长突然停住了。

孩子们急于要知道故事的结局催促说：“校长，你讲下去，快点讲下去呀！”陶校长一转话题，进行了一番评述说：“世上有多少人被闪闪发光的金子迷惑，而忘记了点石成金的指头。”同学们，你们在学校求学，可不能光想要得到老师和书本传给你们的知识，这些知识虽好，但仅仅是知识的一个部分，随着时代的发展，这些知识会不够用的，有的会用不上了，有的已经陈旧了。

有些同学拼命把老师讲的书本知识死记硬背，即使你能背出，在追求学问（真理）的大道上还会碰到许多新事物、新问题，到那时你能责怪老师没教过、书本上没见过吗？死记硬背不思考，是书呆子的学习方法，老师“教多少就记多少”，怎么能赶上时代的发展呢？

如此下去，我们的国家就会一代不如一代。求学必须学会寻找知识的途径和方法，要拿到开发文化宝库的金钥匙（也就是点石成金的指头）。这样，你们自己就可以一辈子毫无止境地去探求知识，就能超过老师，我们的国家就能一代更比一代强。

什么是表扬

表扬是指依据客观事实，对事物正确处理给予肯定认可的一种行为。

每个孩子都喜欢被表扬，不喜欢被批评。

当孩子被表扬时，自信心就会提高，因为表扬证明了他（她）之前所做的是正确的，会激起正能量和积极的情绪。

当孩子被批评时，自尊就会降低，会意识到之前所做的是错误的，对自己的自我评价也会降低，甚至激发自我防御机制，产生悲观、沮丧的情绪。

虽然孩子都喜欢表扬，但表扬的方式、场合和环境不同，效果也截然不同。比如，孩子通过自己的努力考了高分，父母很开心，表扬并满足了孩子的心愿，孩子就会由此受到激励，就会为了获得父母下一次更多的表扬和奖励而更加努力地学习，等等。

父母对孩子表扬不仅仅是一句简单的“棒棒棒”“你真棒”“你真聪明”，而是要深入了解具体情况后，给予恰如其分的肯定。

如何才能使表扬恰如其分呢？

实际上，做到让表扬恰如其分的方法很多，关键是父母的耐心和细心。

俗话说：“知之者不如好之者，好之者不如乐之者。”

父母爱孩子是一种天赋，但是，急躁会促使父母失去耐心，对孩子而言没有耐心的任何教育都是徒劳的，还有可能产生副作用。

无论是父母，还是教师，每个教育工作者都应具备耐心、细致的育人风格，只有这样，孩子才能在成长的路上不断前行。

也许有的父母会说：我耐心教育孩子，但效果一直都不理想。比如，吃饭、写作业吧，我想尽了办法，他该不吃还是不吃，不好好写还是不好好写。

这到底是什么原因呢？

我们可以回忆一下：你是否仅用了“好”“很好”

"你真棒""好极了""答得不错"等这样简单的语言，回应孩子的"辛勤劳动和精彩举措"呢？

这种"简单而廉价的词语"只能敷衍孩子"辛勤的劳动和精彩的举措"，用多了孩子就会对您这种信口开河的"表扬"产生极大的免疫力，很难起到您所想的表扬的作用。

那么，我们应该怎么做呢？答案还是"耐心、细致"。也就是说，在表扬孩子时，一定要准确地捕捉到孩子的内心和行为的亮点，运用准确、生动的语言。

要对孩子的"辛勤劳动和精彩举措"给以切合实际的"肯定和赞扬"。只有这样的"肯定和赞扬"，才能起到对孩子的鼓励作用，调动起孩子勤奋好学的积极性，提高孩子继续努力做的兴趣。

所以说：表扬方法不当，其效果也不同。

在家庭生活中父母对孩子不当的"表扬和鼓励"的方式很多，我们可以再回忆一下自己是否用以下方式"表扬"过孩子。

1. 无知的"表扬"

在家庭生活中，有的父母由于不知道什么是表扬，常用错误的方式。比如，发现孩子早恋了，便很自豪地"夸"孩子："我儿子14岁就谈恋爱了，太棒了"；发现孩子和别的孩子打架了，"夸"孩子说："老子英雄儿好汉，多有英雄气概啊！"或者是："他打你，你打他了吗？不吃亏就行，我儿子，好样的"；发现孩子撒谎时"夸"孩子："这么小就这么有谋略，前程不可限量"；发现孩子贪小便宜时"夸"孩子："我儿子不吃亏，有便宜不占白不占"；发现孩子对别人没有礼貌时，“夸”孩子：“还是我的孩子牛，他算老几”；发现孩子早熟，亲吻异性时，自己笑不拢嘴地“夸”孩子：“还真给爹长脸，那么小就知道……”；发现孩子少言少语时，“夸”孩子：“看我的儿子多成熟”……

这种无知的“表扬”，可能是父母有意无意的表露，但是，殊不知，孩子以上的行为，正是孩子成长中对生活的一种认知。由于父母的无意，往往给孩子的感觉是“以错为对”，很可能建立起错误的生活观念，为未来孩子成长埋下祸根。

在这一点上，我们要提醒父母：绝对不能认为孩子小，就不重视在孩子面前的言行，作为父母，说过的每一句话都有可能影响孩子的一生。

2. 炫耀型“表扬”

有些父母常常对孩子说：“孩子，你太聪明了”“你真是个天才”“和 × × × 比起来，简直一个天上一个地下”“我家那孩子是个神童”……

这种炫耀式的“表扬”，会让孩子不知道自己的真实水平，在他人面前趾高气扬，误以为自己什么都不错，一旦进入真实社会，发现自己的不足时，为时已晚，就会常因一点小小的挫折而气馁、退缩、逃避甚至厌世……

3. 吝啬型“表扬”

有些父母面对孩子的考试成绩，对孩子提出过高的要求。比如，孩子考了第二名，便会说“别骄傲，还有第一名呢”，想借此刺激孩子更加努力，对于孩子在家里做的一些家务或者一些有利于成长的其他事物，却视而不见……

这种吝啬型的“表扬”，本想刺激孩子更加进步，如果孩子经过努力，没有达到父母制定的目标，就不被认可，久而久之，孩子就容易产生一种抑郁，感到自己的努力不被重视，失去生活的成就感，慢慢地也会失去了自信，不再上进。

正确的表扬方式应该是：表述行为+提出结果或期望+表达感受。

父母表扬孩子，首先，要对孩子的行为表示肯定；其次，要表达对孩子的期望；最后，谈一下自己的感受。

这个表扬流程的目的是让孩子增加继续进步的勇气和决心，积累经验，增加自信。比如，孩子在家里第一次扫地，你一见面就说：“你真棒！”孩子很可能被吓一跳！不惑地想：“我怎么棒了？棒在哪里呢？”孩子难得其解。

这种不当的“表扬”会产生“事与愿违”的后果，试想：孩子扫地并不是一件非常棒的事情，在一定程度上，扫地本应是孩子的责任和义务，父母“突如其来”的“表扬”，反而失去了“表扬”的意义，当孩子意识到自己本应做的事，还得到父母“突如其来”的“表扬”时，就会觉得父母在忽悠他。

孩子并没有做出“很棒”的事，却得到父母“很棒”的夸奖，会在孩子日后生活中埋下父母“敷衍”自己的隐患。

父母不恰如其分地表扬孩子，或者大事小事都盲目地“表扬”，孩子就很可能对这样的“表扬”产生依赖，可能会“为了表扬而努力，不表扬就不努力”。

正确的“表扬”应该是：看到孩子第一次扫地时，先描述一下孩子扫地的行为，再说出这个行为形成的结果，如“扫得这么干净”“妈妈不用扫了”或者“地板原来很脏的”，然后表达感受和感谢：“妈妈谢谢你”。

这样的“表扬”，孩子才会知道自己为什么会受表扬，得到的感觉是“被认同”，心里就会对自己说：“妈妈这么认同我，我付出是应该的，下次还要继续努力。”

【案例1】

乐乐一放学就蹦蹦跳跳地回到家，刚推开家门，就兴高采烈地说：“妈妈，今天跑步我得了第一名。”

“和谁跑步啊？为什么跑步啊？”妈妈一边在厨房忙，一边平静地问。

“今天上体育课，老师让我们比赛跑步。我跑得最快，老师还夸我有运动天赋呢。”乐乐的脸上露出得意的笑容。

“哦，你很棒。今天有作业吗？多吗？快进屋做作业去吧！”妈妈淡淡地回答。

听到妈妈这么说，乐乐非常失望地回到了房间。

虽然妈妈夸自己“很棒”，可是怎么听着就这么让人高兴不起来呢。乐乐闷闷不乐地躲进了自己的房间，打开书包拿出书本开始做作业。

过了一会儿爸爸回来了，发现乐乐不太高兴，就问他：“怎么了孩子，有什么不开心的事情吗？”

“爸爸，我今天跑步得了第一名，老师都夸奖我了，可是妈妈好像一点儿都不高兴，就说了一句：‘哦，你很棒’。”

乐乐一边委屈，一边模仿妈妈当时的表情和语气。

“哈哈哈哈哈。”爸爸被乐乐的样子逗笑了。

“是吗？你跑了第一名啊，真厉害！快和爸爸说说，你都是和谁跑的？”爸爸很有兴致地问。

“体育老师让我们分两组，男生一组，女生一组。男生里我跑得最快，他们都不如我，我把他们都落下好大一截呢！”

“真是好样的，等会儿吃饭的时候一定要多吃点儿，这样才能让身体更强壮。以后还要跑第一名，好吗？”爸爸伸出一只手。

“嗯，我以后还要跑第一名。”乐乐高兴地跳起来和爸爸击掌。

【分析】

每个人都希望得到别人的认同，孩子更是如此。案例中乐乐妈随口一句“你很棒”，没有让孩子感受到获得第一名的喜悦，反而让孩子感受了敷衍，而爸爸及时和孩子的交流让孩子感受到了成功的喜悦，还有对他的关心和期待。

恰当的表扬会让孩子有更强的自尊心和自信心。通过表扬传递出父母对孩子的重视和关心。表扬孩子是有艺术的，是父母发自内心的，而不仅仅是停留在口头上的几句话。

认知：

理解：

做件什么事	怎么做的	做中的感悟

准备：

学会做：

要掌握好表扬的技巧

1. 表扬的内容要具体

表扬要根据孩子的心理特征，有实质性的内容，比如：孩子看书，看完书后，孩子将书放回原来的位置，您就不能笼统地说“你很棒！”，因为孩子不知道“棒”在哪里。您可以说：“你将书看完后放回书架上，很棒哦”等，这样孩子才会领会表扬的意思。

2. 表扬的方式要恰当，目的要明确

表扬时不可滥用事先的许诺。比如，在孩子活动时，为了不让孩子乱跑，对孩子说：“活动结束了，你不跟别人……，妈妈就奖励你……”，这样的许诺也许短时间内有作用，常使用对培养孩子做事的责任心和利他行为都是不利的。

表扬要有目的。就是说：为什么要表扬，表扬的目的是什么，一定要明确。比如，以往孩子活动结束后，总爱和小朋友打闹，这次活动孩子没有像以前那样，有了进步。为了鼓励孩子的进步，使之保持下去，您可以说：“你这次表现很好，改正了以前的坏毛病。”孩子就会认为，“有错就改”就是进步，这样才有利于纠正孩子的不足。

事实说明：只有正确地表扬，才能达到“表扬”的目的，激励孩子不断进步。

在家庭生活中，对孩子的表扬一定要适当，尽量少用表扬。试想：孩子每天都在学习，表扬多了，一来孩子可能对表扬产生依赖，为表扬而做事；二来孩子可能觉得被忽悠，对表扬产生了“免疫力”。

【案例1】

小李的孩子很小就接受了各种各样的新生事物，脑子里千奇百怪的东西很多。

有时候，孩子会给小李提一些稀奇古怪的问题。比如，谈起太阳和月亮，孩子会问：“太阳为什么白天出来？月亮为什么晚上才出来？”这样的问题小李还能勉强回答，有时

孩子提的问题，让小李难以回答。比如，孩子冷不丁地问："什么叫'酷毙了'？""怎样才能当上还珠格格？"让小李一时难以回答。或许是做父母的年纪大了，与孩子产生了代沟。

【分析】

父母的困惑，主要在于对当今时代的新生事物、新鲜词的不理解，换句话说是教育思想观念跟不上时代的步伐。现代教育的核心是父母的素质。因为教育中的任何活动都离不开父母，教育目标实现的效果如何关键在于父母。父母的素质包括：教育思想观念的现代化，职业道德素质的现代化，能力素质的现代化。总之，父母的素质是提升孩子素质的关键。

【案例2】

薛女士10岁的儿子小雷（化名）转学还不到一学期，跟过去比好像换了个人。以往由于喜欢做小动作，没少挨老师的批评，后来，看到老师就害怕，不得不转学。

到了新学校后，小雷在上课时又忍不住做起了小动作，被老师发现了。

新老师并没有批评他，只是微笑着轻轻拍了一下他的背，便继续上课了。

以后，每次新老师走过小雷身边，如果小雷没做小动作，老师就会对他微笑并点头表示赞许。

很快，小雷自信心大增，改掉了坏习惯，爱上了学习。

【分析】

孩子的情感不稳定性以及不善于控制的特点很突出，特别是小学低年级依然依据他人的要求评价自己。这些都是孩子的生理及心理的特点。

这位新老师正是认识到了这点，并机智地运用这个特点来引导小雷，既纠正了小雷的缺点，又没伤害他的自尊心，在传授知识的同时注重培养孩子的情感，对孩子的健康成长起到了重要作用。

认知：

理解：

做件什么事	怎么做的	做中的感悟

准备：

学会做：

要表扬得恰如其分

表扬本身就是双方关系不对等的产物，父母不恰如其分的表扬很容易让孩子失去自我，成为“依赖表扬”的根源。

表扬的目的是让对方今后的行为更加进步。

多数孩子都爱听表扬，为了赢得更多的表扬，会自觉不自觉地按父母的期望行事。

不恰当的表扬久而久之，会让孩子养成一种有意迎合他人的性格，从而失去自我和自由。

鼓励是一种支持和信任。比如，当朋友帮了忙，我们不会表扬而是会感谢；好朋友升职加薪时，我们不会赞扬而是祝贺，其目的是让大家一起感受喜悦。

很多父母在教育孩子时，常常关注的是孩子的短板，而如何发挥孩子的优势与长处却思考得比较少。

于是，我们在家庭教育需要转变这个观念，通过帮助孩子发现优、缺点来鼓励孩子扬长避短，促使孩子不断进步。

在孩子的生活中无论孩子做好事还是做了不好的事，先指出优、缺点，再告知下一步应该怎么做，这就是鼓励。

例如，孩子某次考试成绩不好，父母首先要坚信："孩子下次一定会进步"。

只要父母正确客观地面对事实，坚信孩子一定会好，孩子就一定会有信心并在下一次考好，在以后的学习生活中，给孩子适当的关心和不断的鼓励，孩子才能不断地进步。

例如："这次虽然没考好，妈妈看到了，你每天都在努力。"

"你每天晚上都努力学习到很晚，要注意身体啊！"

"这次题比上次难，你虽然成绩不是很理想，其实已经进步了。"……

肯定之后，不要忘记给孩子指出更好的学习方法和日后努力的方向。（根据孩子的具体情况）

例如："下次考试，你如果再细心一点，做完题后，再检查一遍，就更好了。"

"如果你平时保持不断努力"或"你平时学习要加强记忆"就更好了。

"爸妈相信你下一次一定会进步。"

"没关系，咱们下次再来"，或者抱抱孩子小声说："努力吧，有爸妈支持你，一定会提高的"。等等。

父母用这种激励的语言鼓励孩子，让孩子觉得只要努力就能做到，孩子就会不断地进步。

总之，在家庭教育中只要多鼓励，少表扬，使孩子充满活力，充满正能量，孩子就会不断地进步，其效果就会比盲目地滥用表扬好得多。

【案例1】

曾经有一位老奶奶，经常夸俩孙子这个棒得厉害、那个怎么天才，恨不得把俩孩子捧上天。

后来，两个小家伙慢慢厌烦起老人家的夸奖了。

事实上，并不是所有的孩子都喜欢大人表扬和夸奖，他们更希望大人“恰如其分”地面对自己，并能够正确地指出自己的不足，只有这样，才能够看到自己的努力。比起大人们锦上添花般的夸奖，他们更希望在遇到挫折时父母温暖的支持和鼓励。

【分析】

案例中老奶奶对两个孙子的夸奖是不恰当的，这样的夸奖只会让孩子迷失自己，丧失对困难和挫折的抵抗力。

恰如其分地夸奖是明确指出夸奖孩子的原因，说出夸奖的理由，让孩子觉得父母不是在敷衍，觉得父母是真的在肯定他。如果父母的夸奖是很真诚的，发自内心的，对孩子来说是一件非常值得感动和开心的事情。慢慢地，孩子会变得自信，会非常明确地将父母肯定的这一方面保持下去。

【案例2】

斯坦福大学著名发展心理学家卡罗尔·德韦克和团队在过去的10年里一直在研究表扬对孩子的影响：他们对纽约20所学校，400名五年级学生做了长期研究。

首先让孩子们独立完成一系列智力拼图任务，研究人员每次只从教室叫出一个孩子进行测试。

每个孩子完成后，研究人员都会把分数告诉他，并附一句鼓励或表扬的话。

有一次研究人员随机地把孩子们分成两组，一组孩子得到的是一句关于智商的夸奖，即表扬，比如，“你在拼图方面很有天分，你很聪明。”另外一组孩子得到的是一句关于努力的夸奖，即鼓励，比如：“你刚才一定非常努力，所以表现得很出色。”

随后，孩子们参加第二轮拼图测试，有两种不同难度的测试可选，他们可以自由选择参加哪一种测试。

一种较难但会在测试过程中学到新知识；另一种是和上一轮类似的简单测试。

结果发现：那些在第一轮中被夸奖努力的孩子中，有90%的孩子选择了难度较大的任务，而那些被表扬聪明的孩子大部分选择了简单的任务。

由此可见，自以为聪明的孩子，不喜欢面对挑战。

【分析】

案例中的实验得出一个结论：鼓励即夸奖孩子，会给孩子一种可以自己掌控的感觉。孩子会认为，成功与否掌握在他们自己手中。

反之，表扬即夸奖孩子聪明，就等于告诉他们成功不在自己的掌握之中。这样，当他们面对失败时，往往束手无策。

鼓励是指鼓劲而支持，表扬则是指对一件事或品行的宣扬。鼓励通常是针对过程和态度的，如：“爸爸看到你这学期的努力，为你骄傲！”

表扬通常是针对结果和成效的，如：“爸爸看到你成绩提高，为你高兴！”所以建议父母多鼓励，少表扬；多描述，少评价，这样可以避免孩子被表扬绑架，或因输不起而为达目的不择手段。

认知：

理解：

做件什么事	怎么做的	做中的感悟

准备：

学会做：

表扬的氛围要符合孩子的个性

培养孩子成才，不仅需要给孩子传授各种知识与技能，育人环境和氛围也很重要。

这里的环境和氛围不仅包括家庭的物理环境和氛围，也包括家庭成员之间的关系以及长期形成的一些语言（口头禅）和行为方式。这些语言与方式就构成了培养孩子成才的育人氛围。

这种良好的育人氛围为孩子提供了最好的环境来学习和与人合作、相互尊重以及专注于解决问题，提供了培养孩子感知力和技能的机会，能够消除孩子们的不良行为并促进孩子学习成绩不断提升。

一个好的家庭氛围能促进孩子学习进步和身心的健康，优化家庭环境是每一个家庭成功培养孩子的基础工程。

无数的成功经验告诉我们：良好的家庭育人氛围在孩子学习和成长的过程中所起到的重要作用是毋庸置疑的。

教育心理学专家将导致孩子学习不努力的家庭环境分为以下三种类型：

第一种是父母根本不管孩子，并且还因自己打麻将或酗酒之类的不良嗜好干扰孩子的学习。

第二种是父母不干扰孩子的学习，但对孩子的学习不闻不问，任由孩子自己发展。

第三种是父母不考虑孩子的心理发育特点，不尊重孩子在家庭中的平等地位，不注意和孩子的沟通与交流，只看重孩子的“考试分数”，考不好就打骂等。

父母根据孩子的具体情况，给予孩子适当的关心对于孩子的成长至关重要。

那些对孩子不闻不问、听之任之的父母，只会让孩子在成长过程中无所适从，最终走向歧途。

如果我们的父母仅对自己的工作尽职尽责，错误地认为：“只要挣够足以养活家庭的‘钱’，就算是尽到父母的职责了。”忽略对孩子耐心细致地关心，或者对孩子管得太多、太严，只用“考试分数”来评判孩子。成绩理想时就大加褒奖，成绩落后时就一顿责骂，导致孩子情绪低落，甚至产生逆反心理，形成严重的恶性循环，使不良的家庭氛围恶化，父母们为此奋斗的心血不是白费了吗？

由此可见：父母良好行为和积极向上的榜样作用是形成家庭良好氛围的硬性条件。只要父母做到这一点，一个适合孩子成长的家庭氛围即可形成。

【案例1】

11岁的小东放学后不是和同学一起看电视，就是玩电脑游戏，直到父母回家后才开始写作业。

学习也是得过且过，成绩一般，总不喜欢看书。父母工作很忙，下班回家路途也较远，没有太多的时间陪伴孩子。

辛苦的工作和路途的奔波使父母的情绪难以快乐起来，在家中常为一些小事吵吵闹闹，甚至相互责骂。

实际上，他们并不是不关心孩子的学习情况，夫妻俩每天回到家里第一件事就是检查孩子的作业，并详细询问孩子在校的学习情况。可是，小东的学习成绩一直落后，夫妻俩发现问题后，有时苦口婆心地对孩子教育一番，有时暴跳如雷的父亲还动手打孩子，其效果依然不理想。

有一次，夫妻俩非常懊恼地对孩子说：“我们为你费了那么多的心，你怎么一点进步都没有呢？”。

小东到了小学高年级，学习难度增强，学习压力也随之增大，小东的性格也逐渐叛逆，对于学习产生了一定的心理困扰。由于他成长的家庭氛围没有形成，小东受父母的影响，就经常与别人打架斗殴。

不满18岁，小东因过失杀人锒铛入狱，过上了牢狱生活。

小东的父母，后悔不已，为了养育小东自己披星戴月，日夜拼搏，到头来还是把孩子送进了监狱。

【分析】

以上案例在我们的周围举不胜举。从现象看：小东成绩差的原因出在这个家庭环境中。

试想：小东的父母每天上班、下班，唯一和孩子接触的时间，只是询问或检查一下作业，父母的言行举止没有给孩子起到榜样的作用，家里也没有更好的学习氛围，在这样一个没有良好家庭氛围的环境内，孩子怎么可能有好的成绩呢?

认知：

理解：

做件什么事	怎么做的	做中的感悟

准备：

学会做：

要创设适合表扬孩子的氛围

有的父母认为：孩子在学校的学习时间长达十几年，父母对孩子学习指导只能在家庭生活中进行，因而，决定孩子能否成才的关键在学校，于是，将孩子能否成才的期望完全寄予学校。

更多孩子成才的经验告诫我们：真正决定孩子成才与否的关键在于和谐的家庭氛围和父母给孩子的行为楷模。

无论父母对孩子的期望有多高，要求有多严，孩子在学校的学习内容如何丰富，离开了家庭教育，都是不可能实现的。

有一些父母常常重复着对孩子的种种期望，就是不重视家庭氛围对孩子教育的影响，培养孩子成才也只是空谈了。

如果我们的父母不讲究家庭教育的氛围，总是依赖学校教育，忽略了家庭教育，结果，对孩子的教育就难以为继。因此，每个家庭都必须具有简洁、和谐的氛围，创造适合孩子学习的家庭教育氛围。否则，孩子成才就只能是一句空话。

相反，有的父母把家庭教育氛围弄得过于浓烈，培养孩子的调子也定得很高，几乎全身心都投入了整个子女教育中，如早期教育、智力开发、艺术熏陶等，他们为了让孩子“取得个好成绩”“考个好分数”，倾尽了一家三代的心血，不惜一切代价给孩子报了许多“校外补习班”，到孩子小学毕业，竟然花去百余万，搞得一家三代疲于奔命。

这些父母们为什么会有如此错误的举措呢？

一则是长期的“应试教育”给父母们带来的毒害；

二则是父母们并不知道，也没有认真思考过：孩子未来工作到底需要的是什么？

谈到这里，我们不得不明确一点：孩子未来工作到底需要什么？也就是说，我们现在给予孩子的知识和技能，待孩子走向社会时，到底能用上多少？

很简单，未来社会首先需要的是孩子“健康的体魄”；其次是孩子“良好的情操”。有了这两点，即使孩子暂时掌握不了的知识和技能，随着时代的需要，孩子也会自动自发地学会更多的知识，掌握更多的技能。反之，如果孩子失去了“健康的体魄”和“良好的情操”，即使掌握了更多的知识和技能，也很难成为一个对社会有用的人。

试想：孩子一周5天，每天写作业到夜间11、12点才能入睡，好不容易有个周六、日，还要去跑“补习班”。如果孩子比较聪明，家长更加积极，让孩子无所不学，评价也很绝对：“这孩子太聪明了！”“他现在学得连我们成人也不会！”，等等。也有些父母不断地把各种学习指标拿来与孩子对照，常把自己的孩子与别的孩子比较，若有一点不足，就给孩子的教育加码。还有些父母每天对孩子的学习进行盘查，使所谓的“家庭教育”氛围过于偏知识掌握和技能的提升，忽略了对孩子“良好情操”的培养。

更为严重的是有的父母对孩子的行为看管过严，这是家庭教育氛围过浓的另一种表现。

孩子打电话与同学沟通，想寒暄两句，有些父母马上指责孩子："不学习、光聊天。"更有甚者是：孩子和同伴一起玩耍时，不顾孩子的感受，张嘴就说："快去学习去！！"

这些父母为什么会有这样的举措呢？其实原因很简单，他们并不知道"孩子与同学的聊天（沟通能力训练）比学习更重要"，"聊天"使孩子在无形中提升着"自己与他人沟通的能力"，而这种能力是在"书本"里很难学到的，所以，这种对孩子事无巨细地看管，会使孩子反感。如果当时孩子没有能力抵制，只能情绪低沉、态度消极，学习成绩不仅得不到提升，反而下降。

以上这样的家庭教育氛围不仅影响孩子的成长，也耗费了家庭的财富和父母的精力。

孩子连最起码的睡眠都不能保证，"健康的体魄"哪里来？连基本的自由活动都没有，"良好的情操"哪里来？

所以，我们说家庭教育氛围的关键是保证孩子具有"健康的体魄"和形成"良好的情操"，为孩子的未来奠定基础。

要做到这一点并不难，我们只要密切关注孩子的行为变化，对孩子进步及时给予正确的肯定即可。

我们建议：家庭教育中，父母最好不要再以盘查孩子的作业为主要手段，要在培养孩子学会自己学习、自我提高上多下功夫，这才是培养孩子成才最重要的一环。

在家庭教育中，我们提倡的是教育的氛围浓淡合宜，不断促进"身体和心理"健康的共同发育。

孩子的学习是一种家校共育活动，需要自然、平静的环境。不和谐的家庭教育氛围不仅会干扰孩子正常地学习和健康地成长，还会影响温馨和谐的家庭关系。

我们的父母如果明白孩子真正的需求，能用一颗温暖的心与孩子互敬互爱，和谐融洽的家庭教育氛围就不难打造，孩子努力学习、健康成长的土壤就会应运而生。

【案例1】

杨朗的妈妈发现杨朗有许多毛病。心想：像杨朗这样的孩子缺少的不是批评而是肯定和鼓励。

一次，妈妈找杨朗谈话说："你有缺点，但你也有不少优点，可能你自己还没有发现。这样吧，我限你在两天内找到自己的一些长处。"

第三天，杨朗很不好意思地找到妈妈，满脸通红地说："妈妈，我心肠好，力气大，毕业后想当兵。"

妈妈听了后说："好啊！这就是你的长处。你力气大，想当兵，保家卫国，这是很光荣的事，也是你的理想。不过，当兵同样需要科学文化知识，需要有真才实学啊。"

杨朗听了妈妈的话，心里高兴极了，脸上露出了微笑，在日后的生活中，主动改正了自己的很多缺点，学习成绩也一度提升了很多。

【分析】

杨朗妈妈的方法用得恰到好处，树立了孩子的信心。

从德育方面来看，杨朗的妈妈在教育孩子的过程中主要运用了知行合一的原则，坚持正面疏通教育的原则，运用了自我修养、品德评价法评价孩子。

【案例2】

小明的爸爸发现儿子上学时磨磨蹭蹭，便追问是怎么回事，孩子犹豫了半天才道出实情。

星期二早上，班主任老师召开全班同学会议，用无记名的方式评选3名“坏孩子”，有2名同学最近违反了学校纪律，无可争议地成了“坏孩子”；而经过一番评选后，第三顶“坏孩子”的帽子落在儿子头上。

儿子是个刚满9岁的小男孩，居然被同学评出了18条“罪状”。

当天下午学校召集评选出来的“坏孩子”开会，对这三个孩子进行批评和警告，要求他们每人写一份检查，将自己干的坏事都写出来，而且还要让父母签字，交到班主任手中。

小明的爸爸当着小明的面，没有说什么，给小明签了字便让小明上学去了。

小明走后，小明的爸爸打通了班主任的电话，询问到底是怎么回事，班主任说：“你的孩子是班上最坏的孩子，这是同学们用无记名投票的方式选出来的。”

当小明的爸爸质疑这种方法是否挫伤孩子的自尊心时，班主任却回答：“自尊心是孩子自己树立的，不是别人给的。”还说：“我们不认为这有什么不对，是为了你的孩子好。”

小明自从被评为“坏孩子”后，情绪一直低落，总是想方设法找借口逃学，学习成绩也一度下降。

【分析】

该班主任用无记名方式评选3名“坏孩子”，其用意是想以此严格要求孩子，让孩子引以为戒，改正错误，这种做法违反了教育原则中“以积极因素克服消极因素”的原则，致使孩子的消极因素增长。

身为一名教育工作者，应该在教育中因势利导，长善救失，运用各种形式，不断强化和发扬孩子自身积极向上的一面，抑制或消除落后的一面，作为孩子的父母，理应抵制这种行为，与学校教师及时沟通、交流，直至达成共识。

认知：

理解：

做件什么事	怎么做的	做中的感悟

准备：

学会做：

要净化表扬的语言环境

有些父母常常有意无意地忽略对孩子一生影响最大的因素，这就是家庭的语言环境。

一些家庭中存在着令人担忧的现象，如客厅里烟雾缭绕、麻将声哗哗不断，尤其是父母一边训斥并强行命令孩子坐在书房苦读，一边同牌友通宵达旦地打麻将。试想：孩子在这种喧闹的环境中，怎么会耐心学习呢？

这样一个没有温暖、缺乏文明的家庭怎么能培养出勤奋好学、品德健康的孩子呢？

在一个家庭里要想培养出身心健康、品学兼优的孩子，首先要净化家庭环境，建立起平等、和谐、友善的家庭关系，形成文明、祥和的家庭风格，这才是孩子成才的关键。

父母要孩子成才，就要改掉那些命令式的语气，如常温和地对孩子说："你看这样好不好？这样做可不可以？应不应该？"等。

父母也只有与孩子保持这种平等、和谐的语气和口吻，才能真正得到孩子的尊重。

我们在众多家庭中发现：当积极的语言越来越多地被运用的时候，家庭氛围就会越来越好，孩子也会越来越自信和阳光，相反，父母和孩子就会产生对立。

另外，父母受孩子尊重的另一种原因是：父母常使用一些身体语言感化孩子。

在一个家庭中无论发生多大的事情，也不管孩子有多大，父母对孩子恰如其分地爱抚、信任地注视、善意地拍打……都会使父母与孩子之间的关系产生意想不到的效果。

【案例1】

一向聪明的小刚一度成绩下滑，由原来班上的前三名，滑落到后三名，小刚的父母认真分析小刚的情况后，和他玩了一个这样的小游戏：互相讲述自己最近最快乐的一件事。

经过几秒钟的沉默后游戏开始：父母与小刚都讲得很精彩，各自叙述了自己最开心的、最有成就感、最温暖的故事。

游戏结束，父母先赞扬了小刚分享的自己学习中开心的故事，随后，小刚也赞扬父母将自己开心的事分享给自己，并表示："我能得到你们的关注和信任，以后一定好好复习、认真考试。”

果然，在下一次考试中，小刚取得了很理想的成绩，他高兴地对父母说：“我感觉只要你们信任我，我就一定能取得好成绩，而且感觉特别幸福！”

【分析】

一个微小而真实的分享，使小刚重温了学习生活的快乐，也让父母明白，孩子最大的痛苦是不被关注和信任。

父母因工作忙对孩子的忽略，通过直白的表达，会很快得到孩子的理解，使孩子重新回到快乐、开心的状态。而且在相互讲述中，父母和孩子相互理解，排除误会。

孩子是很天真的，父母对孩子并不是不信任、不关心，而是无意的动作常常令孩子造成误解，此类事情一旦发生，父母应以最快的速度、用最简单的方式排除孩子的误解。

这样，不仅能让自己再次体会孩子的心情，也给自己以提醒，还可以发掘自己教育孩子的积极心态。

【案例2】

三毛（台湾作家）上学时，数学总是考不好。

有一次，三毛发现数学老师每次出考试题都是在课本里面的习题中选几道题让学生们做。

当三毛发现这个秘密时，就每天把数学题目背下来。由于三毛记忆力很好，一连考了6个100分。数学老师开始怀疑三毛了，这个数学一向差劲的小孩功课怎么会突然好了起来呢？

一天，她把三毛叫到办公室，丢了一张试卷给三毛，并且说：“10分钟里，你把这些习题演算出来。”三毛一看上面全是初三的考题，整个人都呆了，坐了10分钟后，对老师说：“不会做。”

下一节课开始时，老师当着全班同学的面说：“我们班上有一个同学最喜欢吃鸭蛋，今天老师想请她吃两个。“然后，叫三毛上讲台，拿起笔蘸进墨汁，在三毛眼睛周围画了两个大黑圈，边画边笑着对三毛说：“不要怕，一点也不痛，只是晾晾而已。”画完后，又厉声对三毛说：“转过身去让全班同学看一看！”当时，三毛乖乖地转过身去，全班同学哄堂大笑起来。

第二天早上，三毛悲伤地上学去，两只脚像灌了铅似的迈不动，走到教室门口，三毛昏倒在地上，失去了知觉。从此，三毛离开了学校，把自己封闭在家里。

【分析】

有效地进行德育，不仅要掌握德育工作的特点，客观上也需要依据一定的原则来解决和处理好各种各样的关系和矛盾；掌握德育工作的基本原则，是卓有成效进行德育所必需的。而三毛的数学老师发现了三毛的错误，没有进行个别教育，直接在全班同学的面前用极端的手段打击孩子，没有正面教育，疏通引导，使孩子丧失了信心，从此害怕上学，造成严重的负面效果。

认知：

理解：

做件什么事	怎么做的	做中的感悟

准备：

学会做：

和谐氛围是保证表扬效果的关键

和谐家庭氛围是指父母有意识地在知识家庭中营造一种健康、积极的良好学习氛围，通过自身的知识学习体验与知识获得，引导孩子对学习行为引起注意、模仿、尝试、体验，有效地激发孩子的学习兴趣，从而使孩子实现品德与智力的良性发展。

一个和谐家庭会使孩子自然地感受到整个家庭充满了爱与和谐的良好氛围。

读书是孩子净化灵魂、升华人格的一个非常重要的途径。

对于孩子的成长而言，其主要的任务就是读书。让孩子通过读书获得更多的为人处世的道理，以达到陶冶情操的目的。

凡是读书多的孩子，一般来说，其视野必然开阔，其精神必然充实，其志向必然高远，其追求必然执着。

读书对于人的成长是最重要的。世界上那些生命力旺盛的民族一定是爱读书的民族。

另外，在家中让孩子与父母一起做事、边干边学，会自然而然地培养出孩子的生活感知力和生活技能。

为帮助父母提升孩子生活感知力和生活技能，我们总结了以下七项指标：

对个人能力的感知力——“我能行！”。

在重要关系中的价值的感知力——“我的贡献有价值，大家需要我。”

在生活中的影响力——“我能够将发生在自己身上的事情，影响周边的人。”

有能力理解个人情绪，并能利用这种情绪做到自律以及自我控制。

善于与他人合作，并在沟通、协作、协商、分享、共情和倾听的基础上建立友谊。

以有责任感、适应力、灵活性和正直的态度来对待日常生活中的各种限制。

肯动脑筋，能用适当的价值观来评判和控制事情发生的局面。

【案例1】

近代史上三个最伟大的人物均来自犹太民族：马克思以唯物辩证法改变了人类对社会的看法，爱因斯坦以相对论确立了崭新的宇宙观，弗洛伊德以精神分析法让人更准确地了解自身。全世界富有者中，40%是犹太人。

【分析】

犹太民族人才辈出跟犹太人世代相传的独特的家庭教育有很大关系。每个犹太父母都会给自己的孩子营造一个良好的家庭氛围，他们深知家庭的心理氛围、父母的心理特征对孩子的心理发育的影响。他们总是要创造良好、和谐的家庭氛围。比如“平等”，他们认为父母、子女任何一方的优越感都会对其他家庭成员造成心理压力，产生心理隔阂。还有“开放”，家庭成员能够坦率地、平等地以其他成员可以接受的方式，表达自己的想法，而不是毫无顾忌地发泄，等等。

【案例2】

犹太人的聪明和他们的读书也是有一定关系的。犹太人从来不焚书，即便是一本攻击自己的书。每个犹太父母都会教育自己的孩子要爱书，因为他们知道读书是使大脑充满智慧的最好办法。

每个犹太家庭的孩子，都要回答这样一个问题：“如果家里的房子有一天失火或财产被劫，那么你在逃命时将会带走什么东西？”倘若孩子回答的是钱或者钻石，父母就会马上耐心地启发道：“孩子，有这样一种宝贝，一没有形状，二不见颜色，三无什么气味，你知道是什么吗？”要是孩子还回答不上来，父母就严肃地说：“记住！你要带走的不是钱，也不是钻石，而是智慧。智慧像健康一样，任何人都无法抢走，你将终身拥有。只要活着，智慧将永远与你结伴而行。”

【分析】

在诺贝尔奖获得者中，最多的也是犹太人。他们读书态度近乎宗教：孩子刚生下来，就用蜂蜜涂在书上，让孩子舔，意思是读书才能甜蜜。他们也绝不允许把书踩在脚下。他们每人年均读书60本，中国人均只有5本。

一个不读书的人是走不远的。是否读书跟他是否大学毕业没有关系，书才是真正的大学，才是让人精神成长的乐园。

认知：

理解：

做件什么事	怎么做的	做中的感悟

准备：

学会做：

本章复盘

◎小问题

回答下面的问题，帮助你理解有效表扬在家庭教育中的必要性。

1.表扬的目的是什么？

2.恰如其分地表扬要注意什么？

3.表扬的步骤是什么？

4.家庭教育中父母肢体语言的表扬作用有哪些？

5.表扬的效果有几层？分别是什么效果和表现？

6.表扬和情商应该如何链接？

7.表扬的方式不同，其效果有哪些不一样？

8.人与人之间沟通中的问题有哪些？

如何做更好的父母

收起你的懦弱，摆出你的姿态，在不受别人尊重时，千万别由于怕别人笑话而不愿意表扬孩子！

就算周边的人（含家庭成员）都否定你，你也要相信自己，不要去管别人的看法，要记住：别人的话不过是阳光里的尘埃，下一秒就被风吹走。

脚下的路是自己走出来的，总是犹豫不决，不如勇敢地踏出一步，你要相信，世上本没有路，走的人多了，便成了阳关大道。

不管你如何尽心尽力，都有可能不被欣赏，总有人认为不够好，既然如此，不管别人怎么看，你也不能放弃。

“管理好自己”思考题

【反向思维】

◎表扬没有用，孩子不愿意被表扬！

◎表扬到位了，孩子听不懂！

◎孩子与我，道不同不相为谋！

◎担心孩子拒绝父母的表扬，怕被孩子瞧不起！

【正向思维】

◎表扬之后，家庭和睦了！

◎表扬之后，孩子的能力提高了！

◎表扬之后，父母与孩子相处更融洽了！

◎表扬之后，父母与孩子的误会没有了！

与心对话

每日一问：

家庭生活中总有一些磕磕绊绊的冲突点，很多事情都需要表扬，你面对这些家庭琐事是怎么解决的呢？你身边的家庭又是怎么处理的呢？

请将你家庭生活中的所见、所想记录下来：

陶行知说：一句鼓励的话，可改变一个人的观念与行为，甚至改变一个人的命运；一句负面的话可刺伤一个人的心灵与身体，甚至毁灭一个人的未来。体罚是权威制度的残余，在时代的意义上说它已成为死去的东西；它非但不足以使儿童改善行为，相反地，它会将儿童挤下黑暗的深渊。

让鼓励促使孩子进步

- 陶行知经典故事
- 什么是鼓励
- 鼓励在家庭教育中的作用
- 鼓励唤起孩子学习的激情
- 要保护孩子的自尊
- 关注“自闭症”孩子的成长
- 不要误入伤害孩子自尊的“雷区”

陶行知经典故事

1932年，国民党反动派查封了南京晓庄师范学校，师范附属小学被迫停课。附小的同学们自发办起了“儿童自动学校”，由学习好的学生当老师，连校长、工友也由学生担任。整个学校秩序井然，书声琅琅。

消息传出，教育家陶行知写了一首诗称赞说：

有个学校真奇怪，
大孩自动教小孩；
七十二行皆先生，
先生不在学生在。

这首诗受到大家的赞扬，同学们都很高兴。可是有个年仅八九岁的小同学却找到陶行知，毫不客气提意见：“照先生的写法，我们学校算不上‘真奇怪’。”

陶行知一点都不生气，反而和颜悦色地问：“小朋友你只管说，我的诗错在哪里呀？”那孩子指着第二行说：“小孩就不能教大孩吗？我们学校里，就有年小的成绩好，做大龄同学老师的。要是像先生写的只是‘大孩自动教小孩’，有什么‘真奇怪’”。

“说得对，说得对。”陶行知诚恳地认错检讨说，“小朋友，非常感谢你的指正，我马上就改。”说完，把“大”字改作“小”字，成了“小孩自动教小孩”。然后又问：

“这样改行不行？”

小孩咧嘴笑了：“先生改得真快真好！”

什么是鼓励

鼓励是指鼓舞、指引和维持个体努力指向目标行为的驱动力，它对行为起着激发、加强和推动的作用。

鼓励是家庭中不可或缺的环节。

有效的鼓励即激发、勉励。无论在东方还是在西方，人们都把由衷的夸奖和鼓励看作是教育孩子的主要手段。

鼓励可以引导孩子朝着不同的方向，达到不同的深度。因此，父母应把握孩子情况，结合实际需要有选择性地给予鼓励。

孩子们需要鼓励，正如植物需要水。没有鼓励他们就难以进步。对一个正在做出不当行为的孩子进行鼓励并不是一件容易的事，况且许多父母们不知道什么是鼓励……

孩子的进步，自我努力是第一要素，外界因素也不可小觑，“鼓励使人进步，打击使人落后”。

随着时代的进步，“棍棒之下出孝子”的教育已不再适应这个和谐的社会，以批评为主的教育方式也逐渐边缘化，好孩子不再是打出来的，而是“夸”出来的。

家庭教育是学校教育和社会教育的基础，是奠定人生之路的最基础教育，是对学校教育的有力配合。

因此，在家庭教育中实施恰当的鼓励，可以满足孩子对得到他人赞美与欣赏的渴望，可以有效激发孩子学习的动机，增强孩子学习的动力。

鼓励在家庭教育的实施，既可调动和激发孩子的积极性，又可以促进孩子不断进步，并因此成为家庭教育中的一种主要手段。

目前，很多父母整天“来也匆匆，去也匆匆”，大家都希望在做好本职工作的同时，不忽略对孩子的培养，恰如其分地对孩子做出的成绩给予鼓励，是家庭教育不可或缺的手段。

【案例1】

在日常生活中发生了这样两个小故事：

一个两岁的孩子，忸怩了一阵子后，拿起小勺，喝了一口香喷喷的大米粥，父母在一旁“加油”：“真乖，宝宝真好，再喝一口。”只见小宝宝眯起眼睛笑了，在父母热情鼓励下，他一鼓作气，自己把大米粥喝完了。

一个三岁的孩子不愿自己喝粥，还吵着要妈妈喂，妈妈瞪了他一眼，没有任何效果，气得伸手打了她一下，孩子号啕大哭，在地上打起滚来，弄得妈妈哭笑不得，只好哄着她，又喂起饭来……

【分析】

同一件事情，两种态度，两种结果，原因何在？前者善于鼓励、引导，恰到好处地利用了两岁幼儿喜欢受到赞扬的心理因素；后者“软硬兼施”，忽视了孩子的心理特点，结果无助于孩子的进步。因而，对于一至三岁的孩子，父母要学会鼓励他们的正确行为和进步，这就是父母应该掌握的育儿艺术。

【案例2】

著名哲学家黑格尔当年从神学院毕业的时候，他的老师给他写过一则评语：“黑格尔，健康状态不佳。中等身材，不善辞令，沉默寡言。天赋高，判断力健全，记忆力强。文字通顺，作风正派，有时不太用功，神学有成绩，虽然尝试讲道不无热情，但看来不是一个优秀的传教士。语言知识丰富，哲学上十分努力。”

【分析】

黑格尔老师的评语，以比较艺术的方式，让孩子和父母知道缺点与不足的地方，这样有利于孩子的进步。这评语用平静的语气，力求写出“这个人”，并遵循以下三个原则：一是写给孩子看；二是写出“这个人”；三是写“这个人”的“新起点”。父母用发展的眼光，通过鼓励的方式和孩子交流，对孩子的发展和取得的成绩表示认同，使孩子身心健康，对自己有正确的认识，更好地把握自己未来的发展。

认知：

理解：

做件什么事	怎么做的	做中的感悟

准备：

学会做：

鼓励在家庭教育中的作用

鼓励是家庭教育的灵丹妙药。

在家庭教育中父母恰当地使用鼓励，不仅会激励孩子不断进步，还可以对孩子的教育发挥更大的作用。

鼓励可以提高孩子的自信心。

鼓励给孩子提供了众多锻炼自己和证明能力的机会。

在孩子的学习生活中，一句温暖的话语、一种期待的目光、一句激励的评语都会激发孩子的上进心，改变孩子对学习的态度。

在鼓励的作用下，孩子可以认识到自己的潜力，不断提升各种能力，成为生活的强者。

德国著名的教育家第斯多惠说："教育的艺术不在于传授的本领，而在于激励、唤醒和鼓舞。"这句话的核心就在于对教育对象的信任及其内在价值的高度肯定。

求知和思辨是人的天性，父母只要关注孩子的这种天性，顺其个体的特点和需求去启发、鼓励和加以开导，促使孩子的求知欲与思辨力释放，孩子还有什么学不会的呢?

关键是父母要让孩子的"学"成为一种自觉、主动以及独立的行为。

如果孩子生活在一种难以接受的批评和谴责中，他所学会的也只能是批评和谴责。

在家庭教育中，要孩子进步，父母就要学会和掌握"鼓励"的技巧，不断地鼓励孩子的进步。

【案例1】

花园里，小朋友们都说了自己喜欢的花，有名的"调皮大王"李刚说："妈妈，我最喜欢的是仙人掌，它虽然全身长满了刺，但它的生命力最旺盛，而且刺丛中还能开出美丽的花儿！"

他的话立即得到妈妈的赞扬："你不仅看到它的刺了，

还看到刺中也有花，这花确实值得我们喜欢呀！”平时不受欢迎的调皮大王，见妈妈赞同他，“刺中有花！刺中有花！”这话如一股电流触动了他的神经，高兴地说：“花与人不是一样吗？我虽然有很多缺点，但是，也有优点啊！”

妈妈激动地走到李刚身边，搂着他说：“说得对。仙人掌虽然浑身是刺，但是它刺中也有美丽的花，我们不能只看到它的刺，看不到它的花！更不能因为它刺多就不喜欢它的花。对待孩子也应像赏花一样，特别是对缺点多的孩子，更应该正确看待他身上的潜在的闪光点。‘花’有千万种，各有不足，孩子也是如此！”说着妈妈拍了拍李刚的肩，李刚不好意思地低下了头。

【分析】

同样是面对仙人掌上的刺与花，有的孩子只看到刺，有的孩子刺和花都看到了，有的孩子因为讨厌刺，连花也不喜欢了。而李刚却有着与众不同的认识，能从欣赏的角度去看待刺丛中的花，他的认识启发我们：面对仙人掌刺中的花，首先应该去发现它，其次应带着欣赏的眼光去看待它，辩证地去看待刺与花。

孩子也是如此，不能只看到孩子的不足，而看不到孩子的闪光处。孩子生活在群体里，自然各有长短，对孩子教育要多鼓励，少批评；多指导，少冷落。

孩子因为自尊才有自信，有自信才能自强。唤起孩子的自信，培植闪光点，在家庭教育中要注意说话艺术，重视孩子的进步，哪怕是微小的，也不要放过。

【案例2】

鹤凌是姥姥带大的，当她调皮的时候，姥姥就叫她“侯教授”或“班长”，鹤凌就会马上“听话”。

有一次姥姥将布娃娃玩具放在一起，让鹤凌当班长，和姥姥一起学习。有时姥姥还让她当教授，教玩具们学习，鹤凌玩得可高兴了。

从此，每当自己做错，一叫她侯教授，她就乖乖的，并说“还有班长呢”。哈哈，真是一妙招。有一次，鹤凌不“听话”，姥姥说“我要把你的侯教授和班长免了”。鹤凌拽住姥姥的胳膊不放手，直到姥姥说不免了，才高兴地放手，看来她是多么在乎这个称呼啊！

给宝宝一个标杆，她就会顺着向上爬；给她一个目标，就是在宝宝心中种下一粒理想的种子，成为宝宝的精神支柱和前进动力；为宝宝埋下一个梦，宝宝的童年就会更有意义。

元旦那天，看电视，宝宝看到晚会有唱歌的，鹤凌便郑重其事地宣布：“长大了，我也要当唱歌的。”妈妈说：“好啊！支持你！”还让她模仿了一会儿。

姥姥说：“你不是当教授吗？”鹤凌回答：“当教授兼唱歌的。”噢，你可真多才多艺啊！

【分析】

每个孩子身上都有长处和短处，都是优点与缺点并存。作为父母要细心地观察孩子的一言一行，找出孩子身上的闪光点，加以肯定并让孩子产生良好自我的感觉，这样自我激励才会产生，孩子才会有前进的动力。为孩子提供一个宽松的环境，针对具体的事情，让孩子去尝试。当孩子有进步时，要不断地给其鼓劲，让孩子突破自己的不足。

认知：

理解：

做件什么事	怎么做的	做中的感悟

准备：

学会做：

鼓励唤起孩子学习的激情

鼓励就像一缕春风，滋润着孩子的心田，又像一架桥梁，拉近了父母与孩子的距离。

鼓励孩子可以促进学习与工作顺利完成，保证学习与工作质量。

父母用尖刻的语言奚落、讽刺、挖苦孩子，表面上孩子是在听，按你说的去做，实际上孩子只是在敷衍，体会不到学习的乐趣。

父母对孩子长期的奚落、讽刺、挖苦伤害着孩子的心灵，长此以往，孩子的自尊被摧毁，自信就会被打击，智慧也会被扼杀，最终自暴自弃，对孩子、对父母、对社会都不利。

家教的艺术在于激励、唤醒、鼓舞孩子为学习目标去奋斗。

鼓励孩子可以树立父母的威信。

鼓励孩子无疑会树立父母在孩子心目中可亲、可敬的形象，觉得父母是值得信赖的人，对于促进孩子与父母的沟通，促进学习与工作很有好处。孩子也愿意努力学习与工作。

鼓励孩子可以为家庭创造良好的文化。

父母鼓励孩子，可以在家庭中树立起互助互励的氛围，能体现家庭管理“以人为本”的理念，是创造学习型家庭的基础。

【案例1】

有一个小男孩，小时候是一个喜欢趴在草堆里孵鸡蛋的怪孩子，他总是好尝试一些危险的事。

在学校里，老师认为他实在太笨，留在学校里只会妨害别的学生，责令他退学。

他的母亲很气愤，因为通过她平日的观察，发现自己的孩子不但不是低能儿，而且时时表现出非常优秀的品质。于是，母亲决定亲自做他的“家庭教师”，尽全力去教育他。母亲用这样的教育，不仅证明了自己的孩子很聪明，还帮助孩子成为一个优秀的人。

这个一生中只在学校里上过三个月学的孩子，就是我们熟悉的、举世闻名的发明家爱迪生。

爱迪生之伟大，首先是他有一位懂得耐心等待且慧眼识金并不断鼓励他的母亲。

【分析】

如果爱迪生出生在一个没有赞美，没有耐心，没有细致入微观察的家庭当中，那么，世界上还会有我们今天认识的“爱迪生”吗？

【案例2】

幼儿园老师在家长会上对林林妈说，你儿子有多动症，可林林妈回家却告诉儿子："老师表扬你了，说宝宝原来在板凳上坐不了一分钟，现在能坐三分钟了。其他的妈妈都非常羡慕妈妈，因为全班只有宝宝进步了。"

那天晚上，儿子破天荒吃了两碗米饭，并且没让她喂。上小学时，老师怀疑她的儿子智力上有障碍，可是她却跟孩子说："老师对你充满信心。老师说了，你并不是个笨孩子，只要能细心些，会超过你的同桌。"

林林妈发现儿子黯淡的眼神一下子充满了光。上了初中，儿子的名字虽然已经不在差生的行列了，但老师还是告诉她："按你儿子现在的成绩，考重点高中有点危险。"林林妈却告诉儿子："班主任对你非常满意，他说了，只要你努力，很有希望考上重点高中。"

儿子高中毕业考上了清华大学……

【分析】

"合格的父母是永不对孩子失望的，绝不吝啬自己的表扬和鼓励。""在教育子女的过程中，父母的一个微笑、一个赞许、一种肯定都会激起他们非常强烈的情感，扬起他们希望的风帆。"

称赞和鼓励会使孩子对自己的能力产生信心，会让他们更有自信，更有动力，去完成一件事。无论是学习，还是其他工作或生活，只要孩子有一点进步，父母都要及时给予肯定。

美国心理学家威廉•詹姆斯发现：一个没有受过激励的人仅能发挥其能力的20%—30%，而受过激励后，其能发挥的能力是激励前的3—4倍。

认知:

理解:

做件什么事	怎么做的	做中的感悟

准备:

学会做:

要保护孩子的自尊

自尊是自尊心的一种普遍表现形式。

自尊心是尊重自己，维护自己的人格尊严，不容许别人侮辱和歧视的心理状态。

具有自尊心的孩子，能够积极履行个人对社会、对他人应尽的义务，为人处世光明磊落，对工作有强烈的责任心；在学习方面，能够发扬自觉、勤奋、刻苦的精神。

自信、自爱是自尊心强带来的积极的一面。

自信是建立在谦逊的基础上，对自己的行为抱有成功的信心。

自爱是自己爱护自己，自重。

自负、自卑、自闭是自尊心强带来的消极的一面。自负是一种极端的自信，建立在自卑的基础上，自负的人往往主观地贬低他人或过分抬高自己来确立自己在自己内心中的位置。

自闭是自尊心达到了一种无法控制的程度而表现出来的反社会倾向，属于自尊狂妄。

自负、自闭表现的孩子皆有自尊。获得自尊最好的方法是让孩子自己通过努力而获得，而不是靠运气。

伤害孩子的自尊心就等于伤害了孩子的感情，所以，父母维护孩子的自尊心成了家庭教育中的一门学问。

父母要像维护自己的自尊心那样来维护孩子的自尊心，这样可以减少对孩子不必要的伤害，家庭成员之间的关系也自然形成融洽和睦的氛围。

【案例1】

王为是一个学习成绩比较优秀的孩子。

一段时间内，她上课总是注意力不集中、小声说话，甚至找同学窃窃私语。

长此以往就养成了上课爱说话、注意力不集中的坏习惯，学习成绩明显下滑。

面临中考的选择，王为的父母考虑到她的自尊心，与她沟通说："你在学校里多次主持大型活动，师生反映良好，有主持人的潜质，何不选择报考有主持人专业的中等专业学校呢？"王为很愉快地接受了父母的建议，顺利考取了某艺术学校，而且出乎意料地获得了优异的成绩，对她的前途产生了巨大的影响。

父母维护孩子的自尊心，尊重孩子的职业取向，孩子的坏毛病慢慢地就改掉了。

【分析】

首先父母分析了她的特点：自尊心强，有学习的愿望，学习比较努力，基础比较好，头脑聪明。如果父母一味地抓住她"在课堂上爱说话、注意力不集中的坏习惯"，直接给予训斥、批评，不仅改不了她的坏毛病，还会适得其反。

父母采用尊重她自尊心强的心理特点，以改正缺点为动力，促使她不仅纠正了自己的缺点，而且改变了人生。

【案例2】

欣欣还有两个月就要参加中考了，在最近的模拟考试中，成绩很不理想，老师说她升入重点高中的希望很渺茫。

欣欣回家后闷闷不乐，将最近的成绩和老师说的话都告诉了妈妈。

妈妈尽管很担心，还是面带微笑地说："没事，你的成绩上普通高中是没有问题的，再说现在离中考还有2个月，一切都是有可能的。"

妈妈的话让欣欣有了自信，她将妈妈的话记在心里并且暗暗地对自己说："我能行，我相信我自己。"

慢慢地，妈妈发现欣欣有了新的变化，她脸上又出现了很久没有过的笑容，学习成绩也不断提高。

【分析】

欣欣妈妈就是在孩子遇到困难时，鼓励孩子相信自己，并启发孩子学会心理暗示并鼓励自己："我能行，我相信我自己。"在妈妈积极的引导下，孩子变得坚强和勇敢，最终克服了困难。

父母就是要教会孩子使用积极正面的语言，如"我一定能成功""我没有问题"，等等，不要让孩子对自己产生怀疑，这样，孩子就不会产生"我做不到"的潜意识，不要让孩子忽略潜意识的作用。

孩子学会了积极、正向的心理暗示，自然就能抵制消极的影响。

认知：

理解：

做件什么事	怎么做的	做中的感悟

准备：

学会做：

关注“自闭症”孩子的成长

“自闭症”（Autism）这个词最早来源于希腊的Autos。它的意思是自己，是这个人以自我为中心。1943年儿童精神科医生肯纳正式启用autism这个词并且介绍了11位患有“自闭症”的人的情况，从此展开了人们对“自闭症”的认知，至今已有近80年了。很多研究者对“自闭症”的研究有浓厚的兴趣。

当下，“自闭症”已被认为是一个像光谱一般有浅有深，有高功能也有低功能的身体症状。比如，亚斯伯格症（Asperger Syndrome）指的就是高功能的“自闭症”，这些人群中也有很多虽然有口语表达障碍，但是，他们可以用文字来表述心中要沟通的内容。有一些患有亚斯伯格症的人，能够在某一个领域发展得非常突出，进而成为科学家、文学家艺术家和设计师等某一方面的专家。和肯纳同时代，欧洲的汉斯·阿斯伯格也提到高功能的自闭症。

当前，“自闭症”的患者男性多于女性，在68个女性中间就会有一个“自闭症”，在42个男性中间就会有一个“自闭症”。

加利福尼亚州立大学洛杉矶分校教授沙法利·耶斯特特别提到有69种基因可能导致“自闭症”。

“自闭症”主要有两个特征，一是社交障碍；二是重复的动作和狭窄的兴趣。

“自闭症”简单地说就是与人沟通困难，对很多事情没有兴趣，只有专一的兴趣。这种特征主要有四个方面的表现：一则不了解对方的心情和想法；二则与人沟通困难，常常不知道应该怎样同他人说话；三则不容易交到朋友；四则是行为的问题。

“自闭症”行为特征主要有四个层面：第一个层面是喜欢重复的动作，如开关电灯、上下电梯等；第二个层面是生活上喜欢千篇一律，不喜欢有改变，包括食物、着装、作息等；第三个层面是对自己感兴趣的事非常坚持。如昆虫、鱼类、动物，植物等；第四个层面是对于环境的刺激有不同的反应。如声音、体味、颜色、光线等。

【案例1】

我叫梁嘉诚，英文名叫Antonio，出生于香港，之后在澳门居住，今年35岁。

9个月时妈妈带我去体检，医生诊断我有“自闭症”倾向，3岁后，被确诊为自闭症儿童。后来，我幸运地得到了各种康复治疗和培训，接受了很好的特殊教育。

我已经很多年没有服药了，直到5年前，才开始辅助药物治疗。

婴儿的哭声、人们的咳嗽声、突然出现的噪音、突然发生的事情，常人习以为常的声音和情景对我来说都是巨大的冲击。

我总感觉体内有一个物体，就像一只精灵，在我耳边游荡，在脑海里冲击，在身体内翻滚，我尝试过用手捂住我的耳朵，不被那声音影响；尝试舞动身体，把精灵摔到体外；尝试过大喊大叫，希望吐出那只精灵……都失败了。

人们见到我这些古怪的情绪和行为，会很吃惊地远离我，我很害怕被人指指点点，就这样，精灵一直住在我的体内。

我比其他同龄孩子入学迟，一直都是妈妈送我上学，接我回家。我很希望能够一个人上学回家，便努力记住从家到学校坐2号、12号、22号、26号和33号巴士。

初中的时候，我终于可以独自坐巴士到学校了，心里特别开心。就这样我变得越来越独立，越来越强大。我知道精灵会伴随我继续成长，我也想争取更多的时间回报社会和国家。

2016年，我和一群智力障碍孩子创建了“澳门展现真我协会”，英文简称“IC2”，是“I can too”的缩写，中文的意思是“我们都能够”。成长的道路上，我们得到不少人的帮助，希望通过自己的努力做更好的自己，也希望有能力帮助别人。

我在“IC2”学习了禅绕画，画禅绕画的时候，我体内的精灵像睡着了一样。然而，当我听到各种噪音，碰到突发的事情，体内的精灵又会活跃起来。我一直在尝试让自己能离开这些情景，有时候我会通过听音乐不让精灵得逞。

这些年“IC2”自筹经费努力运作，从学习经营咖啡馆，到每周做三明治送给老人院的老人们；从探访湖南永州智力障碍儿童，到策划为永州残疾儿童学校筹款……太多成长故事发生在我的身上，体内的精灵也仍然干扰着我的计划和工作，我很希望正义的铁甲人能说服它，让我可以安静地做好各项工作，纵然我无法让精灵离开我的身体，也希望生命能有意义。

“IC2”也一直在帮助一些智力障碍人士发挥自己的兴趣和才能，如画画、唱歌、跳舞等，通过展现自己的才能，人们也可以从另外一个角度认识智力障碍人士。如今，受过“IC2”帮助的部分人已经接近正常就业，虽然工作和生活中还要受到很多限制，但他们已经和我一样有了不一样的人生。

我对我体内的精灵已经不再惧怕，我会更友善地和它相处，也会更努力地帮助更多人。

【案例2】

有个“自闭症”孩子的母亲，小时候发现自己喜欢一个人独处，同时对于穿衣服方面非常挑剔，几乎只能穿棉质的衣服，如果穿了别种料子的衣服，会全身都不自在，而且对于吃东西也非常挑剔，凡是太硬的太软的都不喜欢。

在与人相处方面也是经常要避免参加大的活动，更不喜欢参加饭局，对于各种声音，如果声音太大就有被干扰的感觉，所以她选择做一名摄像师和安排剪辑节目的工作。

这位母亲认为她不会是一个好母亲、好妻子，但还是结了婚并生下两个儿子。

大儿子从小就对食物非常挑剔，基本上只吃两三种东西，而且非常怕声音，在年幼的时候见外人就躲在桌子底下。

上幼儿园时，这位母亲和老师沟通，希望老师能够允许他的儿子在桌子底下学习，慢慢地儿子进入了小学、中学，并读完了某大学的会计专业，毕业后也找到了工作。

儿子工作后，工作业绩很差，被单位辞掉时告诉大家：“我是一个与众不同的孩子，我常常把自己比喻成一匹斑马，斑马跟马长得很像，但是斑马身上有着斑纹，如果把斑马变成了马，即使掩盖住斑纹，也是没有用的，因为斑马就是斑马，马就是马。”

【分析】

以上两个案例让我们了解到：对“自闭症”的人群的沟通方式应该是去理解他们，进一步了解他们的不同，共同找出最好的方式来完成沟通的目的。

【案例3】

2003年1月，小雨来到了这个世界，一岁半时经医生测评确诊为：轻度自闭症。这一切都来得太突然，孩子的爸爸回到家，呆呆地坐在椅子上，痛哭流涕，浑身上下仿佛已经麻木了。我们坚信：无论如何不能倒下，只有坚强，才会改写人生的轨迹。

从此，女儿开始接受各种干预治疗（包括感统治疗、肢体协调功能治疗、一对一的语言开发训练，以及智力开发等），我们想方设法地寻找更好、更有效的治疗方法。

女儿三岁半时，一个偶然的机会，我带女儿来到海洋馆，在一个水族馆里，女儿开始跟海豚近距离接触、拥抱、游泳。起初，女儿有些怕，聪明的海豚环绕着女儿嬉戏，女儿很快喜欢上了海豚。

在玩中学，学中玩，积极配合训练。有一天，我们正在花园里散步，“红色的花”，一句天籁般的声音，是女儿的声音！我们听到女儿说的第一句话，而且还带有修饰语，真是“苍天不负有心人”，女儿终于给了我们惊喜。

有一次，我和女儿散步，路过一家琴房，女儿走进去，轻轻地摸琴，我发现女儿对钢琴有兴趣，便立即租下一台钢琴，并邀请老师上门授课。

当老师修长的手指在琴键上轻快地跳跃，美妙的音乐像一个个可爱的精灵，飞进了女儿的心窗，女儿对钢琴愈发产生了兴趣，尤其是对音符弹奏的准确性，令老师赞不绝口。

2016年，女儿获得了中国音乐学院社会考级“十级证书”，并参加了国内外很多表演、比赛屡次获奖。

女儿7岁上学，读书期间虽然问题不断，但各科成绩一直名列前茅，尤其是数学，女儿有超常的记忆力，几乎达到过目成诵的程度，顺利度过小学生涯，以“2A和1B”的优异成绩考入初中。

2017年春节前夕，天很冷，女儿穿着厚厚的羽绒服，戴着毛茸茸的帽子，右手执笔，左手背后，很有气度，周边围满了人。“快来看呀，这个小姑娘在写对联呢！”周围人的呐喊声，使女儿信心倍增。每当有人点名要哪副对联时，女儿便提笔、顿笔、落笔，一气呵成。“这女孩简直就是个天才，小书法家，太厉害了！”啧啧的赞叹声此起彼伏，女儿完全沉浸在创作中。至今，女儿的书法作品被多处收藏，并频频获奖，女儿的书法非常出色，有超越原作之举。书法老师感叹地说：“小雨的书写灵气，如仙人附体，非常人所有。”至今，书法大师家里依然收藏着女儿的书法作品（图1）。

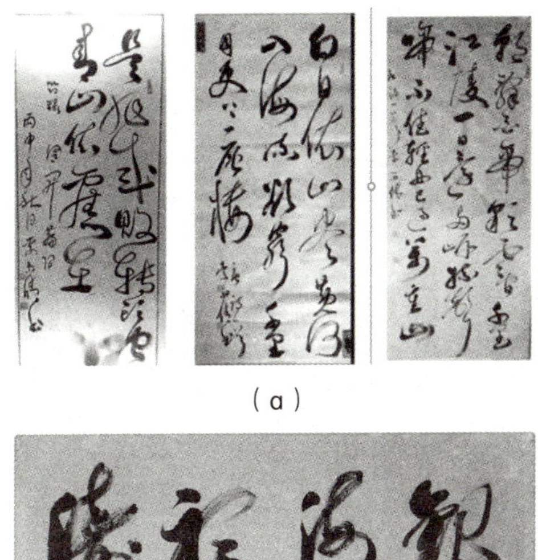

（a）

（b）

图1　尊重和理解促使孩子成长

【分析】

小雨成长的故事启示我们：对于“自闭症的孩子”，成功的教育方法有三点：一要有尊重、理解、信任；二要在日常生活中一分为二地看待他（她）们，找出教育的切入点，教育就会更有效；三要特别给“自闭症的孩子”以高尚的爱。做到这三点，孩子的转变并不难，成为“人才”或“奇才”也是可以做到的。

认知：

理解：

做件什么事	怎么做的	做中的感悟

准备：

学会做：

不要误入伤害孩子自尊的“雷区”

孩子的自尊是在学识的基础上产生的，没有学识的人盲目自尊是自大、自狂、自负，也是自卑。

自负和自卑的人在履行个人对社会和他人的义务，对社会和他人的责任心等方面很难光明磊落。换句话说：自负和自卑的人大多“自私”，他们由于缺乏学识，为自己考虑得多，为他人考虑得少，只要自己的利益和面子受到冲击时，便一反常态，这样的人无论是对家庭还是对社会都是有害无益的。

大家都知道“夜郎自大”的成语典故，在现实生活中，自尊心太强的人，多数都在重复着夜郎自大的故事。

作为父母要明白：自尊心不是天生的，而是个人成就感的累积，一个人如果没有什么成就，他的所谓“自尊心”就会演变成自卑。

我国自古就重视自尊教育，从小就树立孩子的自尊意识已成为我国全民素质教育无法跨越的屏障。

我们要提醒父母的是：由于孩子的世界观、价值观并不完善，还不具备独立生存所必需的文化知识、能力和修养，他们的自尊心往往表现为两个极端，即自卑和自负。

比尔·盖茨说：“在你强调自尊之前，社会要求你首先要有所成就。在没有成就之前就强调自尊，就等于盲目自大。”

这种盲目的“自尊心”很容易使他们停止进取的步伐，

如不关心他人感受，在他人面前表现为浮躁和玩世不恭，在父母和他人面前表现为叛逆，等等。

自尊心因人而异，自尊太强，也有可能是自卑，在现实生活中这种情况并不少见，自尊心强的孩子或多或少都会自负。

【案例1】

一位哲人讲："一切都可以创造，唯有童年的经历不能创造。"童年是一个人的生命底色，它着墨很重，民间有"三岁看大，七岁看老""人看从小，马看蹄爪"等格言，足见童年在人的一生中占据的分量。

"三代书香，方成世家"。意思是培养一位国学大师，没有几代人的积累是不可能完成的。

书香门第人家的子女功成名就的居多，家学渊源是他们得天独厚的优势，也是他们出人头地的摇篮，文化是能够承袭的。一位德高望重、学有建树的老学者，年轻时十分痛恨儿时私塾教育的严酷无情，然而愈到后来，当他在学海书山中游刃有余时，才倍感"幼时饱啜家学"的莫大好处，明白了自己内心那些刻骨铭心的东西正是儿时长期浸润的结果。

【分析】

孩子的潜质和天赋是靠幼年时期认真学习、艰苦磨炼挖掘出来的，如果父母抓住这个时期，积极地参与到孩子成长的过程中，为孩子营造浓厚的学习氛围，激发他们强烈的求知欲，着力培育孩子的兴趣和爱好，孩子就会变得自尊、自信、乐观、向上，就为孩子一生的成长打下了扎实的基础。

【案例2】

林巧稚上小学的第一天，老师看着她修长的手指不经意地说：这是一双做手术的手。

说者无意，听者有心。小小年纪却颇有心计的林巧稚把老师说的话深深地记在心里了，她从此萌生了当一名优秀医生的美好理想。她除了搞好学习，练习起自己灵巧的手指来。只要一有空，她就不停地缝制小荷包，各色各样的、精巧玲珑的荷包缝了一个又一个，同学们不得其解，她却笑而不答。她的手指练习得格外灵活，为日后成为一名出色的妇科大夫奠定了良好的基础。她因此认定：练好基本功，就如同盖高楼大厦一样，只有地基打得好，高楼大厦才会坚实牢靠，经久耐用。

【分析】

现实生活中我们看到：无数杰出的艺术人才、优秀的运动员，他们深沉的潜质与过人的禀赋，都是靠幼年时期认真学习、艰苦磨炼而挖掘出来的，都是靠父母的耳濡目染精心培育而成的。

童年的经历，是一个人一生无法抹掉的基本色调，而父母正是这个色调的主宰者。为人父母者，当不惜一切代价培养孩子，不要错过为幼小子女营造浓厚的学习氛围，积极参与到孩子的成长过程中，不断地勉励孩子天天向上，由衷地赞赏孩子，充分分享孩子的小小进步，最大可能地激发他们强烈的求知欲，着力培养孩子的兴趣与爱好的时机。

一些父母一味地持守“树大自然直”的教子观，对孩子采取不管不顾、放任自流的办法，一次一次错过教育孩子的极好时机。等到有一天看到别人家的孩子遥遥领先，终于明白自己的孩子是输在起跑线时，怕是悔青肠子也晚了。

生儿难，养儿难，育儿更难。为人父母心，谁不期求孩子出类拔萃？谁不渴望孩子前程似锦？多想一点办法，多花一点功夫，多下一点力气，多注一点投资，帮助孩子打下扎实的基础（图2）。

认知：

理解：

做件什么事	怎么做的	做中的感悟

准备：

学会做：

本章复盘

◎小问题

回答下面的问题，帮助你理解有效鼓励在家庭教育中的必要性。

1.鼓励的目的是什么？

2.鼓励首先要学会什么？

3.鼓励的步骤是什么？

4.鼓励的肢体语言有哪些？

5.鼓励的效果有几层？分别是什么效果？

6.鼓励和情商应该如何链接？

7.鼓励的方式不同，其效果有哪些不一样？

8.人与人之间沟通中的问题有哪些？

如何做更好的父母

◎收起你的懦弱，摆出你的姿态，在不受别人尊重时，千万别由于怕别人笑话而不愿意给予孩子鼓励！

◎就算周边的人（含家庭成员）都否定你，你也要相信自己，不要去管别人的看法，要记住：孩子的话不过是阳光里的尘埃，下一秒就被风吹走。

◎脚下的路是自己走出来的，总是犹豫不决，不如勇敢地踏出一步，你要相信，世上本没有路，走的人多了，便成了阳关大道。

◎不管你如何尽心尽力，都有可能不被欣赏，总有人认为不够好，既然如此，不管别人怎么看，你也不能放弃。

"管理好自己"思考题

【反向思维】

◎鼓励没有用，孩子不愿意鼓励！

◎鼓励到位了，孩子听不懂！

◎孩子与我，道不同不相为谋！

◎担心孩子拒绝父母的鼓励，怕被孩子瞧不起！

【正向思维】

◎鼓励之后，家庭和睦了！

◎鼓励之后，孩子的能力提高了！

◎鼓励之后，父母与孩子相处更融洽了！

◎鼓励之后，父母与孩子的误会没有了！

与心对话

每日一问：

家庭生活中总有一些磕磕绊绊的冲突点，很多事情都需要鼓励，你面对这些家庭琐事是怎么解决的呢？你身边的家庭又是怎么处理的呢？

请将你家庭生活中的所见、所想记录下来：

陶行知说：培养教育人和种花木一样，首先要认识花木的特点，区别不同情况给以施肥、浇水和培养教育，这叫“因材施教”。人像树木一样，要使他们尽量长上去，不能勉强都长得一样高，应当是：立脚点上求平等，于出头处谋自由。

批评与批评的艺术

- 陶行知经典故事
- 批评的艺术
- 要杜绝“无用的批评”
- 要掌握好批评的方式
- 批评要力争达到最佳效果
- 不要让“批评”演变为“指责”
- 对孩子的“批评”要以理服人
- 不可忽略榜样的作用

陶行知经典故事

有一天，一位朋友的夫人来看陶行知。陶先生热情地让她坐下，又倒了一杯茶问道："怎么不带儿子一齐来玩？"这位夫人气呼呼地说："别提了，一提就叫我生气。这几天我把他结结实实地打了一顿。"

陶先生惊异地问："这是为什么？你儿子很聪明，蛮可爱的哩！"朋友的夫人取出一个纸包，里面包着被拆得乱七八糟的一块手表（表成色还很新，镀金的表壳被打开了，表面的玻璃也已破碎，秒针也掉了下来）。朋友的夫人生气地说："陶先生，这表是才买的，竟被我儿子拆成这样，您说可气不可气！他才七八岁，就敢拆表，将来大了恐怕连房子都敢拆呢！所以我打了他一顿。"

陶先生听了笑笑说："坏了，恐怕中国的爱迪生被你枪毙了！"朋友的夫人有点愕然："为什么呢？难道我这样做不对吗？"陶先生摇摇头。

这位夫人又问："陶先生，您是大教育家，您说对这样的孩子该怎么办呢？"

陶先生把拆坏的表拿过来，对朋友的夫人说："走，我们上你家去，见见这个小'爱迪生'。"

到了朋友家里，陶先生见到那个孩子正蹲在院子的大树下，聚精会神地看蚂蚁搬家。朋友的夫人一见又来了气，正要骂他，陶先生立即劝住了。

陶先生把孩子搀起来，搂在怀里，笑嘻嘻地问：“你为什么要把妈妈的新表拆开来呢？能告诉我吗？”

孩子怯生生地望了妈妈一眼，低声说：“我听见表里的嘀嗒、嘀嗒的声音，想拆开看看是什么东西在响。我错了，不该把手表拆坏，惹妈妈生气。”

陶先生说：“想拆开看看是什么东西在响，这没有错。但你要跟大人说一声，不能自作主张。来，你跟我一齐到钟表店去好吗？”孩子又望望妈妈，说：“去店里干什么？”

陶先生说：“去看师傅修表啊，看他怎样拆，又怎样修，怎样装配，你不喜欢吗？”孩子高兴得跳起来：“我去！我去！”

陶先生拿着那只坏表，带着孩子一齐到了一家钟表店。修表师傅看了看坏表，说要一元六角修理费。

陶先生说：“价钱依你，但我带着孩子看你修，让他长长知识。”师傅同意了。

陶行知和孩子站在旁边，满怀兴趣地看师傅怎样拆开，怎么把零件一个个浸在药水里;又看他加油后，把一个个零件装配起来。从头到尾，整整看了一个多小时。表全部装好后，师傅上了发条，表重新发出清晰的嘀嗒声。孩子高兴地欢叫起来：“响了，响了，表修好了！”

陶先生临走又花一元钱买了一只旧钟，送给孩子带回去拆装。孩子连声说：“谢谢伯伯！谢谢伯伯！伯伯真好！”

陶先生把孩子送到家后，孩子跳着、蹦着对妈妈说：“妈妈，伯伯买了一只钟，让我学习拆装呢！”那位朋友的夫人不解地问：“还让他拆啊？”

陶行知笑笑说：“你不是问我对这样的孩子该怎么办吗？我的办法是：把孩子和表一齐送到钟表铺，请钟表师傅修理。这样修表铺成了课堂，修表匠成了先生，令郎成了速成学生，修理费成了学费，你的孩子好奇心就得到了满足，或许他还能够学会修理咧。”陶先生停顿了一下说：“孩子拆表是因为好奇心，孩子的好奇心其实就是一种求知欲，是有出息的表现。你打了他，不是把他的求知欲打掉了吗？与其不分青红皂白地打一顿，不如引导他去把事情做好，培养他的兴趣。中国对于小孩子一向是不许动手，动手就要打手心，往往因此摧残了儿童的创造力。我们就应学习爱迪生的母亲，那么理解、宽容孩子，那么善于鼓励孩子去动手动脑，这样，更多的‘爱迪生’们就不会被打跑、赶走了。”

朋友的夫人听了恍然大悟，她不好意思地笑了一下，诚恳地说：“陶先生，您说得对，太谢谢您了，我今后必须照您的办法去做。”

批评的艺术

1. 什么是批评

批评是指依据客观事实，对事物处理不正确给予的评论、评价和修正，批评与指责、批判、责备是近义词，有绝对的区别，万万不可混淆。一般的批评有两种含义：一是从美学意义上来讲批评是指运用一定的方法对作品进行梳理、修正（试探性评判与论证）如文艺批评、作品修正等；狭义的批评是指对人或事物的缺点和错误提出意见如批评他人的傲慢与不足等，使用批评时要特别注意的是批评不是指责、抱怨、更不是批判。

传统教育总是一味地批评、指责孩子，使孩子缺乏自信心。

现代教育特别强调对孩子的尊重、赏识，提倡多鼓励孩子。哪怕孩子只有一点点成绩，只要有一点点进步，就要鼓励。

“激励性批评”强调了激励在孩子成长过程中的作用。

俗话说：“金无足赤，人无完人。”孩子在成长过程中不可能没有缺点。父母对孩子的优点应及时发现，快速表扬，对孩子的缺点，该批评的还是要艺术、幽默地批评。如果父母给予孩子的全是表扬和激励，很容易滋长孩子“以我为中心”的意识，不利于孩子的健康成长。

“激励性批评”即晓之以理，动之以情，不回避对孩子所犯的错误，只是对孩子犯错误时所使用的批评更讲究时效。比如，对孩子先做好耐心细致的说服工作，真诚地帮助孩子分析错误的原因和后果，从真心关爱孩子的角度出发，引导孩子加深对错误的认识，提高孩子自我反思、自我纠错的能力，以增强孩子克服、改正缺点的信心和勇气。

掌握批评的艺术性需要做到如下几点。

2. 从优点入手，间接提醒

每个孩子都有自己的优点和长处，父母批评孩子时，应首先对孩子的优点、长处加以肯定，然后再用提示、暗示、对比等方式间接婉转地把话题转到孩子存在的问题上，这样孩子就比较容易接受。

因为孩子知道你不仅注意到了他的问题，也看到了他的优点和长处，这使他觉得你是公正可信赖的，从而避免和突破了孩子对批评的抵触和“怕挨批”的心理防线。

3. 选择适当的机会，维护孩子的自尊心

处于青少年时期的孩子自尊心一般都很强烈，如果父母的批评不分场合，不仅不会被他们接受，而且很容易引起反感。

很多家庭教育成功案例告诫我们：孩子是否接受批评并不在于批评是否正确，关键在于批评是否伤了“面子”，即自尊心是否受到伤害。

所以，父母在批评孩子时，一定要选择恰当的机会，能个别批评的，不当众批评。

有些父母习惯于在大庭广众之下对孩子大发雷霆，不注意孩子情绪，也不顾及孩子“面子”，最终引起孩子反感。

4. 要允许孩子申辩，避免单方训斥

允许孩子申辩并参与对问题的讨论，是使批评让孩子心悦诚服的重要条件。如果父母只是单方训斥，不许孩子发表不同意见，迫使孩子接受父母的批评，其结果只能导致孩子口服心不服。原因很简单：孩子不能申辩，不能参与讨论，父母很容易对事实判断错误，或者把孩子“因无知做错事，误判为明知故犯”，或以为孩子有意耍赖，致使孩子内心不服，进而从心理上拒绝批评。

父母批评孩子时让孩子申辩并说明理由，弄清是非，认识危害，孩子自然就会接受父母的批评，同时，孩子还会自我反思。

从实质上看，孩子如果能将父母的批评转化为自我批

评，即达到了批评的预期效果。

因此，父母批评孩子时，让孩子申辩并参与讨论，有利于调动孩子认识错误和改正错误的积极主动性，比父母单方训斥效果要好得多。

5. 批评要给孩子鼓气，万万不可泄气

有些父母在批评孩子时，往往从语音、表情、态度上表露出对孩子的不信任和失望，这种不信任和失望将直接感染着孩子，严重影响孩子改正错误的信心。

如果父母在批评中带有鼓励，从语言、表情、态度中表露出完全相信孩子能改正错误，并对孩子未来的发展抱有期望，孩子不但乐于接受父母的批评，而且还会产生改正错误的勇气。

6. 批评要以情动情，切忌伤害

有些父母在批评孩子时，习惯于采用讽刺、挖苦、辱骂等有损于孩子人格和自尊心的方式，总喜欢以“父母”的强势，将个人的意见强加于孩子，错误地认为：只有这样才能解决问题。

事实恰恰相反，这种“家长式”的批评，只会把孩子推向对立面，进而激怒孩子，使之做出不理智的行为。

如果父母从关心、爱护的态度出发，真诚地帮助孩子分析错误和改正错误，孩子就会敞开心灵的大门，接受父母的批评和帮助。

总之，批评在家庭教育中是一种常用的方式，我们常常

看到：有的父母的批评，孩子很容易听进去，而且心悦诚服；有的父母的批评，孩子却听不进去，甚至产生对立情绪，致使批评达不到预期的效果。

究其原因：除了父母的批评方式等因素，还有批评的艺术的问题。

讲究批评艺术的父母，往往使批评充满尊重、赏识和关爱，将“批评”及时转化为“激励性评价”，使其发挥更大的作用。

【案例1】

陶行知先生在做校长时，一天，在校园里看到一名男生正想用砖头砸另一个同学。陶行知及时制止同时令这个学生去自己的办公室。

在外了解情况后他回到办公室，发现那名男生正在等他，便掏出第一颗糖递给他：“这是奖励你的，因为你很准时，比我先到了。”

接着又掏出第二颗糖：“这也是奖励你的，我不让你打人，你立刻就住手，说明你很尊重我。”该男生将信将疑地接过糖。

陶行知又掏出第三颗：“据了解，你打同学是因为他欺负女生，说明你有正义感。”这时那名男生已经已经泣不成声了：“校长，我错了。不管怎么说，我用砖头打人是不对的。”

陶校长这时掏出第四颗糖：“这是奖励给你的，因为你认识到了错误，我们的谈话也结束了。”

【分析】

四块糖的故事，看上去是一场表扬，实则是一场有深度的批评，这就是批判的艺术，即通过表扬激励使孩子内心自主产生敢于承认、敢于担当的自觉，这才是批评的最高境界——让受批评者自发产生自我批评。教育心理学的实践告诉我们，当孩子认识到自己错在哪里的时候，才是教育在孩子心里真正起作用的时候。除此之外的批判教育，基本都是徒劳。

可见，批评的前提是找到批评的入口，而批评的入口就是表扬。成人教育孩子时不应用训斥、苛责、打骂等伤人自尊的方式进行教育，而应平心静气，换位思考，旁敲侧击，对比设喻，导化对方心理。很多时候，微笑比严酷更有力量，赏识比批评更具激励。滴水穿石，胜过暴雨，和言良意，默化潜移。

【案例2】

一个淘气的男孩经常惹祸。

母亲每次都大喊大叫，甚至抡起藤条抽打他，却收效甚微。有一次，他偷了商店的玩具，差点被送警察局。母亲及时赶到，说服店主再给他一次机会。

回家后，男孩料想等待自己的会是一场狂风暴雨，谁知道妈妈什么也没说，只是让他回自己房里去。

当他无意中到厨房拿水，发现母亲独自一人，呆呆地坐在厨房的椅子上，满脸的忧伤和疲惫。

这一刻，他如遭雷击。虽然没有任何语言的指责，却让他一下子想起妈妈日常的操劳，抚育他的呕心沥血。

从此以后，他痛下决心，改过自新。

【分析】

假如孩子每天处在打骂和训斥之中，就会变得麻木不仁，而且还会产生这样一种想法："反正我是坏孩子，那就坏下去吧。"父母的训斥、打骂反倒筑起一堵高墙，阻断了亲子间的情感交流，没能让孩子站在父母的立场上想问题，却增加了漠视和仇恨：反正你们不爱我，所以我也不需要你们来管教。

与之相反，如果关键时刻用沉默代替语言，实际上是对犯错的孩子进行无言的谴责。在这个沉默的空间里，孩子卸除了被迫自卫的武装，有了很大的自我感受和思考的空间，并且受到强烈刺激，迫使他回想自己的所作所为，对父母的痛心和难过产生深切体会。一旦他能站在父母的立场思考问题，许多冲突就可以迎刃而解。

认知：

理解：

做件什么事	怎么做的	做中的感悟

准备:

学会做:

要杜绝“无用的批评”

心理学家告诉我们：父母若以错误的信念期待孩子，孩子就会朝着你所期待的方向去发展，父母对孩子正确的教育方法会增加孩子的爱与支持，使之充满自信，生气蓬勃；相反，父母消极错误的评价会使孩子失去信心和日后发展的机会。

在家庭教育中，父母多给孩子一句肯定的话语、关键时刻的鼓励，孩子就会充满向前、向上的信心。

不知道为什么，批评这种极为简单的教育方法，有些父母却不能正确运用，常常运用一些对孩子无用的批评。如以下几种方式。

1. 简单、发泄式批评

有的父母批评孩子时，方法过于简单，如“你听明白了吗”“记住了没有”“以后还犯不犯”。至于“听明白”什么，“记住”什么，“还犯”什么，可能自己都没搞明白。

对于批评孩子的内容，既不展开分析，也不指出让孩子改正的方法，使孩子无所适从。

有的父母习惯将自己在生活中与他人发生的不愉快，莫名其妙地发泄到孩子身上；还有的父母见不得孩子有错，一旦孩子犯错，就气不打一处来，全部撒在孩子身上。

这种批评简直就是把孩子当成自己的“发泄桶”“私有财产”，想打就打，想骂就骂。

这哪是“批评”，分明就是“发泄”。怎么能达到教育孩子的效果呢?

孩子遇到这样的“发泄”怎么能认识和改正自己的错误呢?

一般孩子犯错时都会产生一种愧疚不安的心理。父母只要给予正确的指导，孩子很快就会认识到自己的错误，并期望父母的指导并提出改正的建议，如果遇到父母这样简单粗暴的批评，不仅不利于孩子认识和改正错误，反而会助长孩子错误的蔓延。

2. 翻旧账式批评

孩子不小心丢了钥匙。有的父母批评孩子：“你怎么又把钥匙丢了，总是丢三落四的。”然后，滔滔不绝地翻旧账：“你平时作业做得也不好”“上课也不认真听讲”“妈妈这么辛苦地为了你，你还这样”……

“孩子不小心丢了钥匙”，就这么一件事，这个父母却

“滔滔不绝”地翻出“作业做得也不好”“上课也不认真听讲”“妈妈这么辛苦地为了你，你还这样”等一大堆与其无关的事，这样的批评，让孩子怎么接受？怎么改正？改什么？这就是“翻旧账”，不仅失去了“批评教育”的意义，还会适得其反。

还有的父母喜欢“骂”孩子，有时骂着骂着自己忘词了，还振振有词地对孩子说：“看看你把我气糊涂了，我为什么骂你？”自己都不知道“为什么骂孩子”。

这类父母不是让孩子“气糊涂”的，而是自己本身就不明白，到头来只会让孩子感到厌倦。这种“批评”没有任何针对性，这哪里是批评，简直就是对孩子的虐待。

3. 唠叨式批评

孩子从早上起床到出门，从放学到睡觉，父母总是唠叨：“上课要注意听讲”“不要和同学打闹”“作业要按时完成”“看电视时间不要过长”“好好吃饭”，等等，不管孩子是否存在着以上缺点，每天重复着这些话，自以为是对孩子的叮嘱，孩子会牢记父母的教导。实际上并不然。试想：孩子本没有的缺点，父母无休止地重复，孩子怎么可能不厌烦呢？

这就是该批评的时候不批评，不该批评的时候乱批评。

以起床为例，这种批评根本没用，孩子不到最后一刻绝不起床。因为他知道即使晚了你也会想办法不让他迟到。

4. 急躁式批评

用这种方式批评孩子最为可怕，孩子还不知道自己错在哪里，父母的批评就开始了。

孩子的表现常常是："我怎么又错了？"不知所措，更不知如何是好。

时间一久，孩子就会恐惧、厌恶父母。

父母如果总是采取这种批评方式，孩子就会出问题，如孩子正玩得高兴，父母把他喊过来："你怎么回事，怎么又……"孩子会怎么想，又是什么感受？

孩子在做数学题时，自己没发现出错时，父母劈头盖脸就是一句："你怎么又错了！"有的父母甚至一巴掌打在孩子头上："你再这样，看我怎么收拾你！"，等等。

父母这样的做法，孩子会怎么样？无非两种表现：要么觉得"我怎么这么笨呀"；另一种孩子很可能会憋着气想："我就是笨，怎么着吧！"看！给孩子的全是恐惧，哪是批评！

上述4种"无用的批评"，实际上是父母情绪的发泄，对孩子全是伤害和虐待。不仅不能达到"批评"，纠正孩子的不足的目的，还会影响孩子的进步。

【案例1】

小刚的妈妈对小刚恨铁不成钢，常对小刚发出这样的"教诲"：

"怎么还不起床呀？再不起床就要迟到了"

"你怎么每天都是这样，看老师怎么批评你！"

"你说你怎么这么不听话！"

"你要是再慢就要迟到了！"

"看看你，再这样下去我可不管你了！"

小刚的妈妈在这样唠叨的批评中为小刚准备书包，帮小刚拿红领巾，煎鸡蛋，准备早餐……直到小刚出门上学，唠叨还是不绝于耳。

【分析】

很多时候，孩子犯错后，父母的表现往往是该批评的时候不批评，不该批评的时候乱批评。比如，父母遇到孩子赖床的现象，往往是一边催促，一边数落，而孩子却把这当作是背景噪音，根本没有起到批评的作用。像案例中的这类情况，这就是父母只是对现象做批评，而没有采取实际有效的解决办法。

【案例2】

小明的爸爸常这样教育孩子：“还不快点写作业！”“还看电视，每天就知道看电视”“你什么时候能让我省心点，自己写作业呢？”“小心哪一天我把电视砸了，写作业认真点！”“快点快点，就要到睡觉时间了”“你说妈妈爸爸容易吗？累了一天，还要伺候你，你不能心疼心疼我们吗？”

小明常常为此烦闷不乐，性格也起了变化。

【分析】

孩子出现过失的时候，父母的表现通常是情绪激动，调门升高。其实，大多时候孩子对父母说的话往往不是能倒背下来，就是根本不知道他们在说什么。只知道一点：我错了，所以你骂我。就连错误带来的愧疚、不安也随着批评的咆哮声烟消云散了。因为他们很明白一点，骂完了一般也就没事了。孩子唯一做的和感兴趣的事就是等待，等待这番责备的结束。最后的结果就是“口服心不服”，“你骂你的，我做我的”。

这种情绪化的批评能起什么作用呢？很多时候，沉默远比这样的批评更有效。

批评是为了让孩子认识到自己的问题，理解和接受正确的建议，并在行动中改正。试想，这样的一种情绪如何博得孩子的尊重，如何使孩子信服，又如何能让孩子听从呢？

认知：

理解：

做件什么事	怎么做的	做中的感悟

准备：

学会做：

要掌握好批评的方式

正确的批评和表扬一样，会激励孩子的进步。比如，孩子和别的孩子打架了，而且还“战胜”了别的孩子，父母知道后，对孩子的批评一定要客观和公正。

有经验的父母会这样教育孩子：“你把×××打了，×××受伤了，一定会很疼”“你伤害了别人这是不对的”“妈妈还要请假去看看×××，这样不仅影响你的学习，也影响妈妈的工作”，批评后表达感受，如“你这样做，妈妈很伤心，因为妈妈觉得自己教育孩子很失败”，等等。

批评到此为止，孩子自己就会意识到：“我怎么能让妈妈伤心了呢？”“我打人了，要是我被打了，会不会也很疼呢？”“为了不让妈妈伤心，我明天和×××道歉吧”……

孩子犯错的时候，一般没有恶意或者考虑不到严重后果，当他们知道自己错的时候，不用别人批评，自己都会主动认错和改正。

父母批评教育孩子，一定要在“平等、尊重”的原则下，处理好孩子所犯的错误，孩子一旦被尊重，就会做到“有错必改”。

不过，孩子究竟是孩子，他们认识错误后，往往不知道怎么改，这个时候就需要父母提供帮助。

被尊重的孩子绝不会有错不改。所以，父母批评孩子一定要注意后果。

当孩子努力了还是把事情做错了的时候，父母正确的批评方式会让孩子感到他的“努力”被认可了，他就会更加努力。

错误的“批评”是“忽悠”，不是批评，孩子会因为“批评”而丧气，例如，孩子通过努力取得了不好的分数，在孩子不知情的情况下，你批评他，孩子的努力就会被否认，会非常不开心。再如，“你要取得好成绩你就很棒了，妈妈给你买×××”，这就是“忽悠”，其后果很严重。父母批评孩子是要注意以下几个方面。

A.批评孩子的行为和行为造成的结果时，不要和“人品”和“人格”挂钩。

B.批评时不要用“虚伪”或讽刺性语言，就事论事孩子更容易接受。

C.孩子做错了，一次理解，两次谅解，三次一定要批评。

这就是我们应该善用批评的ABC原则。

批评这种方式的使用是有“次数限制”的，父母一定要慎用。

很多父母对孩子的批评次数在孩子上幼儿园时就早早用完了，孩子已经具备了批评的“抗药性”，以后再用“批评”效果也就微乎其微了。父母要明白：孩子最需要的是鼓励，而不是表扬和批评。

一个人最开心的事情莫过于通过自身的努力独立完成一件事情，孩子也一样。表扬与批评如果都不能让孩子感到真正的快乐，就不如让孩子在自己的实践中感到快乐。

【案例1】

有个小姑娘性格非常叛逆，整天跟父母对着干。妈妈什么方法都试过了，却无法改变孩子。

有一天，妈妈无意中翻出自己当年的育儿日记，那里面记录着女儿成长的一点一滴。她拿出来给女儿念，从她出生时的喜悦，到她得病时妈妈的恐惧，以及对孩子的美好期望，全都包含在这几本日记里。刚开始女儿还似听非听，渐渐入了神，眼里噙着泪水。终于，她忍不住扑到妈妈怀里，哭着向妈妈道歉。

【分析】

爱可以感化一切。孩子虽然叛逆，但却不是草木，其实对父母有很深的爱。她之所以表现如此，是因为她觉得爸爸妈妈不爱她了，所以没必要听他们的话。当她明白了父母对她的爱有多深，她就会用百倍的爱来回报父母。

【案例2】

有一位个子很高的女孩子，教过她的老师都知道她有作业拖拉甚至不做的毛病，常常找一些借口少做或不做作业。

为了尊重她的自尊心，张老师改变了批评的方法。在一次大扫除中，张老师很和蔼地对她说："你个子高，大扫除时很能干，听课也很认真，如果能认真按时完成各种作业，学习成绩就会有更大的进步。"

张老师的这番话促使她在本学期学习有了很大进步，再也没有少做过一次作业，学习成绩也一度攀升，期末考试成绩还获得了全班第三名。

【分析】

张老师换了个角度，从这个女生的个性特点上，先表扬、再鼓励，然后，指出需要纠正的缺点，起到了使她改正错误的效果。在父母与孩子之间，我们也常听到这样的对话：父母问："你为什么……"孩子回答："我很好，是他先……"父母又问："为什么他会……"等，这样无休止地问下去，不但不能使孩子改正错误，反而加深了相互之间的矛盾。

认知：

理解：

做件什么事	怎么做的	做中的感悟

准备：

学会做：

批评要力争达到最佳效果

恰当的批评可以帮助孩子改正错误，达到预期的教育目的，否则，就会造成孩子的逆反心理，起到相反的效果。教育批评孩子应做到以下几点。

首先，在批评之前要搞清事实，让孩了把自己心里的话说出来。

其次，要保护孩子的自尊。孩子都是有自尊的，在没搞清楚事实前在大庭广众下批评孩子会伤孩子自尊，孩子会受不了。

最后，艺术地批评。俗话说：“忠言逆耳。”人们总是不愿听到别人对自己的批评，孩子也是如此。批评艺术决定批评的效果。

父母可以通过角色扮演，让孩子身临其境，在轻松的氛围中教育孩子。

俗话说："金无足赤，人无完人。"孩子在思想或言行上偶尔出现一些错误是很正常的，但对于这些错误，我们教师或父母绝不能听之任之，应该及时地给予批评教育，可如何才能让批评教育的效果最佳化呢？我们可从以下几个方面加以努力。

1. 选择合适的教育时机

孩子犯了错误，并不是任何时候、任何情况下的批评教育都能奏效的，需要具体问题具体分析。毋庸置疑，能否选择恰当的教育时机将直接影响到教育的效果。

选择最佳教育时机可为教育效果最佳化提供一个好的前提，而教育时机的选择则往往取决于孩子的心理状态和现实处境。

一般来说，在孩子内心刚刚平静时、取得细小进步时，或遇到困难需要协助时，其最佳的教育时机也就随之而来。

当孩子正在或刚刚犯过错误时，最好不要急着去批评教育他，因为此时的他可能怨气、怒气正旺，内心不平静，情绪冲动，不理智，就算你苦口婆心，恐怕也难有好的效果，此时不妨先"避其锋芒"，暂时不予"追究"，待到孩子内心平静恢复"常态"时，再视其所犯错误的具体情节，或对其"动之以情，晓之以理"，或对其实行严厉的批评教育。

一般来说，人都有要求上进的心理特点，孩子则更是如此。父母或老师的肯定，往往可令他们从内心产生一种满足感和愉悦感，从而更加努力地去做好某件事情。所以，作为父母，我们理应发现并肯定孩子进步的地方，在孩子享受喜悦的同时，温和委婉地指出其缺点，即寓教育于表扬之中。

2. 选择恰当的教育场合

孩子犯错误时，给予教育是必要的，但应注意场合的选择。

选择恰当的教育场合可为教育效果最佳化提供有力的保障。在批评教育孩子时，要尽量选择在人少的地方，如果是在室内，最好能让孩子坐下，拉近父母与孩子之间的心理距离，有利于亲子间的交流沟通，也便于孩子理解并改正错误。

一般来说，最好不要在公共场合或当着他（她）人的面来批评教育孩子，因为孩子毕竟未成年，身心尚未发育成熟，心理较脆弱，承受水平有限。

3. 适度地批评

适度地批评是指批评教育孩子时，应把握分寸，保证批评的效果最佳化。若像蜻蜓点水式的批评，即不痛不痒地指出其问题，不足以达到教育孩子目的；若批评过重伤及孩子的自尊，则会适得其反。

建议对孩子适度地批评教育时，应注意以下两个方面。

第一，因人而异，即根据不同性格的孩子，采取不同的批评方式。

对于性格内向、自尊心较强的孩子，态度应和蔼一些，用语委婉含蓄一些；对于勇于认错的孩子，态度应诚恳一些，不可过于责备，对其所犯错误应点到为止；对于性格倔强的孩子，不可与之发生正面冲突，应根据其性格特点，对其实行适当的批评。

第二，因事而异，即对事不对人。

如果孩子所犯错误是偶然、轻微的，父母可用眼神、表情、手势等肢体语言，或幽默性的语言暗示即可；如果所犯错误较严重，可先留些时间让孩子自我反思，然后，适时实行较为严厉的批评，乃至采取适当的惩罚措施（慎用）。

有时孩子犯了错误，父母不急于挑明，而采用顺应的方式，即先顺应孩子的错误，然后，在某一点上给孩子以启示，令其自醒自悟。

一般来说，因事而异的批评频率不可过高，不可整天唠唠叨叨批个不停，批评的方式也不可过于简单，语言重复啰唆，更不可揭孩子的“伤疤”或隐私，原则上是对事不对人。

总之，父母在批评孩子的过程中，应充分考虑各方面的因素，努力做到时机合适、场合恰当、批评适度，只有这样，孩子接受批评后，才会心悦诚服，批评也会达到最佳的效果。

【案例1】

一位教师在教学《两条小溪的对话》时，让孩子分角色表演。

有一个孩子问："老师，我能不用书中的原话吗？"

老师和蔼地问："为什么呢？"

"因为书中的原话太长，我背不下来，如果拿着书表演，又不太好。"孩子说出了缘故。

"你的建议很好，用自己的话来表演吧。"老师高兴地抚摸了一下孩子的头。

果然，这个孩子表演得非常出色。

【分析】

师生平等关系的形成是课堂民主的具体体现，教师从过去的知识传授者、权威者转变为孩子学习的帮助者和学习的伙伴。

教师没有了架子，尊重孩子的意见，让孩子真正感到平等和亲切，师生间实现零距离接触，民主和谐的课堂氛围就逐步形成了。

【案例2】

有一次，孩子被教师的课堂问题难住：甲、乙、丙三位老师的处理方法各不相同。

教师甲："（语气很重，冲着该生）整天上课开小差，结果怎样？这么简单的问题都不能回答，太笨了！坐下！"

教师乙："（生气，但不表现出来）坐下，谁来帮他？"

教师丙："（微笑、和蔼地）别急，回忆一下，我们昨日学过的内容，当时你听得很认真。想想，昨日××同学是怎样回答的？"

孩子：“（思索片刻，说出了与问题答案相关的一句话。）”

教师丙：“（很兴奋）对呀！看来，你是很棒的！”

孩子：“（很体面地坐下，并投入后面的学习中。）”

【分析】

尊重、信任孩子是新课改对教师的基本规定，当孩子遇到困难时，教师就耐心点拨，鼓励孩子积极思考，而不能冷言冷语，甚至讽刺挖苦。

认知：

理解：

做件什么事	怎么做的	做中的感悟

准备：

学会做：

不要让“批评”演变为“指责”

批评不是指责。指责是指严重违反纪律，有意不服从命令、指示，学习和生活中故意不努力等，造成成绩不佳。

指责是对严重过失的责备或斥责。父母对孩子的指责必须搞清楚事情发生的原因，尤其是要准确地判断是否故意。

父母在指责孩子前，要搞清楚以下几点：

1. 为什么要指责

指责并非抱着敌意的态度，采取强硬的方式，训斥孩子，而是先搞清楚事情发生的原因，做出准确判断后，给予的训斥，目的是帮助改正错误。

2. 以怎样的态度指责

指责不要用“你很恶劣”等强硬的语言，应了解清楚事情的原委，聆听孩子的辩解，不要失去控制或感情用事。

3. 用什么方式指责

对孩子的指责要掌握好分寸，应采用坦率、真诚的表达方式，具体事情具体说明，可略带幽默或微笑。

【案例1】

飞飞9月份就要上小学了，因为疫情，整个幼升小前的时间都在家里了。

妈妈担心他没有好好练习写字，上小学吃力，所以利用周末的时间让他练习写汉字。

因为孩子之前没有写字基础，加上他从小做精细动作方面较弱，所以妈妈没有让他按照网课的进度交作业。

妈妈的目的是：让他提前练起来，这样不至于上小学看到别的同学写作业速度快而自卑或着急。

昨天是妈妈开始教他写字的第一天，妈妈多挑选的是最简单的汉字，可是他还是写不好，“一”字写得歪歪扭扭，“二”字下面的一横写到和上面横线的右侧对齐就不再写了。

在他写的过程中妈妈不断提醒他，他说：“哎呀，差不多就可以了！”妈妈一听这话就生气了：“怎么能差不多就行了呢？刚开始写字就抱着这样的态度，这字怎么能写好！”妈妈有些急躁，提高嗓门提醒、教导孩子，孩子也开始烦躁，最后也生气了。开始，妈妈以为孩子是在跟她生气，正准备说教，问了孩子才知道：原来他在生自己手的气，觉得自己的手那么笨，就是写不好。

妈妈突然感到：是她对孩子要求太高了，导致孩子对自己失去信心。

事实上，这么小的孩子，从大脑、骨骼、肌肉发育的程度上，确实做精细动作时达不到妈妈要求的标准，妈妈的标准对他来说太高了！妈妈意识到这一点，就对孩子说："好了，妈妈不当老师了，妈妈就在你写每个字之前告诉你这个字的书写要点，然后你就自己写啦，等你写完了，咱们一起看看这里面写得最好的有哪些。"孩子愉快地答应并继续写下去……结果也很让人惊讶，虽然他没有写出妈妈期望的样子，但是进步很大，妈妈知道他已经尽了全力！

【分析】

搞清楚事情发生的原因，做出准确的判断后，再指出孩子的不足很重要，只有这样，孩子才会愉快地接受并取得进步。

【案例2】

林林和妈妈刚一进门，爸爸就对儿子喊："你给我过来！"妈妈一愣，赶紧挡在儿子前面："你干吗？老师跟你说什么了，你就对儿子这么凶？是成绩不好还是怎么回事？"爸爸指着儿子说："你自己问他。就没见过他这么窝囊的！老师让他当干部，可他却说不想当，无论老师怎样说他都不当，真是气死人！人家想当还当不上呢，他却不愿意，这是哪门子事啊？”

妈妈把儿子拉到身边，问儿子是怎么回事儿。

原来，这个学期重新选班干部时，老师想让林林竞选体育委员。可是林林自己却不积极。老师问他为什么，林林说觉得自己能力不够，又没当过干部，怕同学不听他的。虽然老师肯定了林林平日表现出的能力和在同学中的威信，也表示老师和其他班干部都会帮助他，但林林还是没有答应。

爸爸说：“说你行，你就行，你自己怎么就这么没有出息，怎么这么胆小？”林林在爸爸的训斥下，低着头说：“其实我也想当，可真的又很害怕，怕有的同学不听我的，万一干不好让别人笑话。还有我觉得当体育委员就得管别人，上课间操，课后锻炼什么的，老是得点人数，记考勤，肯定得罪人，我就更不敢了。”爸爸又气又无可奈何地说：“这也怕，那也怕的，真是窝囊！管人怕得罪人，那别人怎么不怕？一个破体育委员都当不了，你将来还能干什么事？”

父母的无奈育子之道，让孩子遭受着种种不公和耻辱，没有回天之术，只能把本应完成的育子使命，一股脑儿推付于孩子身上，其目的只是要在子女身上圆自己不曾实现的梦。

事实上，这些父母仅限于“望子成龙”，而不是“教子成龙”“带子成龙”，至于子女如何成龙并没有认真地探讨。他们一方面苛求子女成龙、成凤，却完全地放任自己，甚至常常泡在麻将里、舞厅里，致使子女心中没有榜样，眼前没有镜子，如此一来，子女怎么可能成才呢？

父母的行为要成为孩子的楷模，要做孩子的第一任导师，为人父母者不能只做孩子人生路上的拐杖，如从小就陪着孩子做功课等，而要以积极奋进的心态、扎扎实实的学习与工作作风给孩子树立榜样，常向孩子展示一种精神，增添一种勇气。

【分析】

孩子有了这种精神和勇气，就有了不断向上攀登的力量。孩子是一张白纸，父母就是最初的画笔，父母的行为对孩子的影响，决定着孩子一生的发展。

认知：

理解：

做件什么事	怎么做的	做中的感悟

准备：

学会做：

对孩子的“批评”要以理服人

对孩子的“批评”，不仅要有道理，关键是要有礼貌，这样才能真正达到“以理服人”的最佳效果。

要做到这一点，父母和孩子的关系首先是建立在相互信任和相互尊重的基础上，不要为追求“以理服人”而“以势压人”。

“批评”既要说得有“理”，符合实际，又要说得有“礼”，“分寸得当”。

有些父母“批评”到激动时，总会控制不住自己的情绪，越说越来气，导致情绪发泄，使“批评”事倍功半。

要提醒父母注意的是：“批评”不能只讲大道理，孩子不是因为不懂道理才犯错误，而是自己失去控制而导致错误的发生，父母只有对孩子所犯的错误有所理解，并帮助孩子找到避免再犯错误的方法，才能达到“批评”的效果。否则，孩子就会对此产生厌烦心理。

简单地说：“批评”就是父母根据孩子的问题，有分寸地给孩子说明孩子容易接受的道理。

【案例1】

一对年轻的父母，教育孩子的热情非常高，对孩子的规定十分严格，平时频繁规定孩子不要讲脏话、不要乱扔废纸……而这对父母急躁时，常常用“笨猪”“死脑子”等话语，刺激孩子。尤其是父亲吸烟后，随手将烟蒂扔在地上……平时父母没少用嘴皮子、各种手段教育孩子。但是，孩子还是说脏话、粗话连篇，纸屑杂物随处乱扔的毛病，依然难以纠正。

年轻的父母百思而不得其解。实际上，原因很简单，就是“父母的行为”没有形成孩子的表率。

【分析】

第一是父母“身教”不利，没有“身教”，“言教”就显得苍白无力。

“身教”既可以增加“言教”的可信性和感染力，而且还能像春雨润物一样起着细微的、不易觉察的、潜移默化的作用。

父母只有严于律己，随时把自己置身于“榜样”和“镜子”的位置上，事事从自我做起，才能顺利地“内化”孩子的需要。

第二是父母“言教”不服。

“言教”必须以理服人，否则无教育可言。

孩子出现问题，一味地“管、卡、压”，固然不行，只有言之以理，以理服人，才能达到教育效果。否则一切说教都是徒劳的。

第三是父母“心教”不诚。

教育不过是为了让孩子弄清楚什么是对的，什么是错的，错在什么地方，怎样去改正，不应该把孩子的错误演化成惩罚孩子的理由。否则孩子就会产生戒备和反感，甚至会“背道而驰”。

由此可见，父母在教育孩子时，必须抱着关心、帮助、谅解、鼓励的态度，用“心”去爱孩子，让孩子明白“父母爱你，才教育你”。让孩子感到父母的“爱心”和“诚意”，乐于接受父母的教育，这样才会有效果。

【案例2】

妈妈领晴晴去姨妈家串门。

姨妈的儿子叫烁烁，只比晴晴大几个月，他们很喜欢和对方玩。

烁烁找出一个遥控的玩具火车，得意地对晴晴说：“这是妈妈送给我的，很棒吧？”晴晴目不转睛地盯着小火车在地上呜呜地跑，羡慕不已。

晚饭过后，妈妈和姨妈闲聊了一会儿就打算带晴晴回去了。晴晴得知自己要离开姨妈家了，便跑进正睡觉的哥哥的房间，悄悄地把刚才那只小火车捧了出来。

妈妈见到此景说：“你可真是不懂事，怎么随便拿哥哥的玩具呢？还不快还回去！”晴晴听后不但没有照做，反而将小火车抱得更紧了。

妈妈看到晴晴这样更加气愤了，于是提高了嗓门：“你敢不听话，是不是想挨打？”眼看着晴晴的眼泪要流出来了，姨妈赶紧拉开了晴晴的妈妈，蹲下身来，和蔼地对晴晴说：“你觉得这个小火车很好玩对吗？”晴晴点了下头。姨妈继续说：“可是，哥哥同样喜欢它啊，如果哥哥明天发现小火车不见了该多难过啊！”

听到这里晴晴歉疚地低下了头。姨妈又说：“如果小朋友去你家玩，偏要带走你喜欢的玩具，你会高兴吗？”晴晴低着头：“我不会高兴。我做错了，我现在就把小火车还给哥哥。”

姨妈欣慰地摸了摸晴晴的头说：“真是个乖孩子。别人的东西无论多喜欢都不属于你。既然你很喜欢这个遥控小火车，过几天姨妈再买一个送给你好吗？”

“好。谢谢姨妈。”晴晴的脸上露出了开心的笑容，把小火车送回了哥哥的房间。

【分析】

案例中姨妈给晴晴讲道理，让孩子明白了自己的错误。用道理说服孩子很重要，如果父母对待孩子犯错的态度不是打就是骂，孩子的心灵会受到伤害，还会激发孩子的反抗心理。父母要耐心地和孩子沟通，让他们明理，知道自己哪错了，以后就会避免类似的错误发生。

也许很多父母会认为：孩子还没长大，讲再多的道理他们也很难明白。这些父母可能并不知道孩子的领悟有多强，只要父母用通俗易懂的语言和孩子讲道理，孩子都是可以听明白的。

父母若疏忽这一点，一味地说教呵斥，不仅会在孩子心中失去地位，还会对孩子产生不良的影响，说不定孩子以后也会变得蛮不讲理。

认知：

理解：

做件什么事	怎么做的	做中的感悟

准备：

学会做：

不可忽略榜样的作用

在家庭中，父母的言传身教对孩子有直接的影响，父母要规范自身的行为，努力成为孩子的榜样。

教育家苏霍姆林斯基说："每个瞬间，你看到孩子，也就看到了自己；你教育孩子，也就是教育自己，并检验自己的人格。"

父母的行为在家庭教育中始终起着决定性的作用。

要孩子成才，需要父母常常有目的地同孩子交谈，将自己的生活、社会、人际交流的经验，不断地传递给孩子。

另外，父母在家庭生活中的每一个瞬间都在教育孩子。如父母怎样穿衣，怎样跟别人谈话，怎样和客人握手，怎样对待朋友和坏人，说话时的表情和举止，都在无形中影响着孩子。

孩子的言行举止大部分是从父母那里学来的。父母正直做事，友善待人，对自己的事业从不懈怠等各个方面都会成为孩子的一面镜子。

父母平时的言谈举止、行为规范以及为人处世的方式等，都会在孩子性格形成的过程中打上深深的烙印。俗话说："龙生龙，凤生凤，老鼠的孩子会打洞。"就是这个道理。所以说，父母应在生活中规范自己的言行举止，为孩子做出表率。

1. 夫妻尽量避免在孩子面前争吵

夫妻之间发生口角是不可避免的，在吵架过程中双方往往很快从讲道理演变成丧失理智的争吵，粗话、脏话也就脱口而出。尤其是父母之间的攻击性行为，很容易成为孩子的错误社交示范。

生活中孩子说的一些脏话，大多就是从父母那里学到的，父母的这些言行会很容易使孩子误以为：吵架、暴力是解决问题的一种途径，并加以模仿。因此，当夫妻之间发生矛盾时，应尽量避免在孩子面前争吵。

2. 夫妻矛盾要采用合适的释放方式

父母大多白天工作，晚上还有大堆家务，负面情绪很容易产生。当父母产生负面情绪的时候，要控制自己的情绪，将其适时、合理地表达给对方。切记，千万不要让孩子为父母的消极情绪“埋单”。

3. 要和孩子共同成长

做父母的常常会发现孩子身上存在着这样、那样的问题，其实，孩子身上出现的这些问题，早在自己身上出现过。所以，我们在要求孩子改正错误的同时，也应该进行自我反省，不断发现并纠正自身的错误，为孩子树立良好的榜样，与孩子共同成长。

4. 掌握以下原则给孩子做榜样

（1）以身作则

让榜样的作用作为一种具体的形象暗示和感染孩子。父母的行为不仅是一种权威，还是孩子言行举止的标准，要使孩子的言行有所遵循，父母切不可言行不一。

父母言行相悖比对孩子放任自流效果更坏。古人云：“以教人者教己。”意思是说：要孩子形成的品质和良好习惯，父母都应具备。

（2）以身示教

在家庭中父母常要求孩子应该这样做，不应该那样做来规范孩子的言行，这种空洞的“批评”如果没有父母的身体力行做支撑，所起的作用往往微乎其微，所以，我们说：父母的一言一行，一举一动，孩子都会以此模仿效法。

在日常生活中，作为孩子的父母一定要谨言慎行，以身示教，要求孩子做到的，自己首先做到。

（3）说话算数

答应孩子的事就一定要兑现，兑现起来有难度的事不要轻易对孩子许诺。如果父母经常说话不算话，就会降低在孩子心目中的可信度，孩子对父母的崇拜就会由于失信次数增多而递减；如果父母经常说话不算数，孩子也会下意识地效仿，对自己说出的话不负责任，由此演变为一种不良习惯。

【案例1】

开学第一天，新任班主任邹老师走进初二（5）班教室，发现黑板上写着“你也下课吧”五个大字。

原来，该班已连续换了两任班主任，原因是该班孩子无论是学习、班级卫生还是日常行为规范等方面的表现都极差，前两任班主任就因为在班主任积分上被扣分而失去了当班主任的资格。

邹老师看了看黑板上的这五个大字笑了笑，面对大家说："我是来和大家交朋友的，因为我和大家有共同的"嗜好"，用别人的话说，就是生活上不拘小节，我想和同学们共同体验我们的"嗜好"，对我们有好处的，我们坚决保留，不利于我们的，大家说：怎么办？"没想到简短的几句话，勾起了和同学的共鸣，五十多名同学异口同声地回答："坚决改正"，随后，三个同学一起跑上讲台，擦去了黑板上"你也下课吧"五个大字，班里响起了雷鸣般的掌声。

在邹老师的带领下，没过多久这个"初二（5）班"竟然被评为全校进步最快的班级。

【分析】

在知行合一原则和以积极因素克服消极因素原则的指导下，运用陶行知教育思想，教师（包括父母）不仅要能言传、言教，还要善于身教、情教。这种不言之教主要是以自己的行为举止，对孩子殷切期望和真诚的爱，以及自己的情操来接触、感化孩子，这种感化由孩子对教师（包括父母）的注目而产生。

【案例2】

邻村的一对夫妇，喜欢赌博，好吃懒做，对人蛮不讲理。如果他们的孩子和别人吵架，总维护自己的孩子，不分青红皂白就责骂他人。曾经因为一件小事，引发了大人之间的争吵，甚至大打出手。结果是，他们的孩子长大后和他们一样是蛮不讲理的，常与人打架、斗殴。

有一次，因为一件小事，同小伙伴打架，导致对方重伤，经医治无效死亡，孩子因故意杀人罪，判处无期徒刑。

【分析】

小孩子的良好言行是从小养成的，父母为他们构造的世界就是他们所能观察和学习的最佳场所。

一方面，父母可以通过语言，来告诉孩子一些生活中为人处世的道理；另一方面，父母也可以通过自己的行为，潜移默化地对孩子实施影响。所以，父母要想让孩子长大后成为一个知书达理的人，就要从小事做起，在生活的点点滴滴中进行引导。

父母是孩子的第一任老师，也是孩子最信任的人，只有父母做好了，孩子才有可能做得更好（图3）。

认知：

理解：

做件什么事	怎么做的	做中的感悟

做件什么事	怎么做的	做中的感悟

准备：

学会做：

本章复盘

◎小问题

回答下面的问题，帮助你理解有效批评在家庭教育中的必要性。

1.批评的目的是什么？

2.批评首先要学会什么？

3.批评的步骤是什么？

4.批评的肢体语言有哪些？

5.批评的效果有几层？分别是什么效果和表现？

6.批评和情商应该如何链接？

7.批评的方式不同，其效果有哪些不一样？

8.人与人之间沟通中的问题有哪些？

如何做更好的父母

◎收起你的懦弱，摆出你的姿态，在不受别人尊重时，千万别由于怕别人笑话而不愿意接受孩子的批评！

◎就算周边的人（含家庭成员）都否定你，你也要相信自己，不要去管别人的看法，要记住：别人的话不过是阳光里的尘埃，下一秒就被风吹走了。

◎脚下的路是自己走出来的，总是犹豫不决，不如勇敢地踏出一步，你要相信，世上本没有路，走的人多了，便成了阳关大道。

◎不管你如何尽心尽力，都有可能不被欣赏，总有人认为不够好，既然如此，不管别人怎么看，你也不能放弃。

“管理好自己”思考题

【反向思维】

◎批评没有用，孩子不愿意接受批评！

◎批评到位了，孩子听不懂！

◎孩子与我，道不同不相为谋！

◎对孩子批评很丢人，怕被孩子瞧不起！

【正向思维】

◎批评之后，家庭和睦了！

◎批评之后，孩子的能力提高了！

◎批评之后，父母与孩子相处更融洽了！

◎批评之后，父母与孩子的误会没有了！

与心对话

每日一问：

家庭生活中总有一些磕磕绊绊的冲突点，很多事情都需要批评，你面对这些家庭琐事是怎么解决的呢？你身边的家庭又是怎么处理的呢？

请将你家庭生活中的所见、所想记录下来：

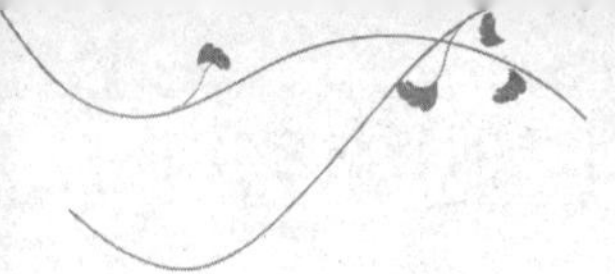

陶行知说：真教育是心心相印的活动，唯独从心里发出来，才能打动心灵的深处。破即补。污即洗。劳即谦。乱即理。债即还。病即医。过即改。善即喜。行即思。倦即息。信即复。帐即记。

成功的关键在于沟通

- 陶行知经典故事
- 父母如何与孩子沟通
- 让沟通拉近彼此距离
- 与孩子沟通也要讲艺术
- 沟通的有效法则
- 沟通中“听”的技巧
- 沟通中“说”的技巧
- 沟通中“动态语”的作用

陶行知经典故事

1939年夏天，有人介绍一位青年诗人到育才学校半工半读，介绍信上写道："刘文伟，诗人高歌的学生……"陶行知一看，风趣地说："喔，文——伟，你诗文伟大呀？"青年忙说："不，相反——很渺小，我已经把伟字改成苇，芦苇的苇。"陶行知笑了，说："对呀，不要自封为伟大，要大众承认才是真伟大。你愿意做芦苇，好，芦苇做成船，也可以渡人到达彼岸呀！"过了一会儿，陶行知又说："你是高歌的徒弟，一定是个小洋诗人吧？"青年人答："不，我是土人，从小是孤儿，做过童工，爱唱劳动号子，自己编词儿，是地道的'杭唷'派。"陶行知"哦"了一声说："那我们是同志呢，我也是'歌谣派'，你读过我的诗吗？"青年人说："读过，很喜欢。听说你跟唐代诗人白居易一样，写了诗先读给老妈子听。我还喜欢唱您编的歌，如《锄头舞歌》《镰刀舞歌》《手脑相长歌》等。"陶行知立刻喜欢上了这个叫刘文苇的青年人，对他特别关心，经常问他学习、生活的情况。

当时小刘才18岁，学习兴趣很高，而且爱好广泛。在育才学校，他感到什么都新鲜，样样都想学想问。陶行知工作很忙，平时住在北碚，到学校来一趟不容易，要处理的事很多。但小刘见缝插针，一有机会就去向陶行知请教，陶行知也总是热情耐心地回答他的问题。有人责备小刘"不懂事”，但陶行知鼓励小刘说：“做学问就是要学要问。我过去写过一首诗：‘发明千千万，起点是一问。人力胜天工，只在每事问’。学问，学问，光学不问只是一半，光问不学也只是一半，又学又问才是完整的学问。好比一个人，不能光有右手右脚，也不能光有左手左脚，要左右配合才是完整的人。” 陶行知的教诲给小刘很大启发，他也写了一首诗，题为《学问》：学问学问，既学又问。光学不问，半截理论，死啃书本，用时不灵。光问不学，一半是零，不成条理，低级水平。又问又学，真正聪明，又学又问，才是完整的活的学问。

在陶行知和育才学校文学组主任艾青的帮助教育下，小刘后来成为我国著名的诗人。

父母如何与孩子沟通

“沟通”原意是开沟使两水相通，后来泛指采取某种方式使两方相通，如桥梁沟通、道路沟通、信息沟通、人际沟通等。

创造并维持一种良好的家庭环境，使孩子在这种环境中幸福地生活、学习，实现人生目标离不开沟通。

无论是父母还是孩子，都需要具备良好的沟通和协调能力，才能有效地创造一种和谐的、有利于孩子成长的家庭环境。沟通的关键首先是父母要尊重孩子，仔细倾听孩子的心声，站在孩子的立场来看问题，只有换位思考，才能实现有效地沟通。

沟通是一种有目的的行为，其目的是与孩子相互传递信息，使双方彼此了解、相互信任并适应孩子的一种活动过程。

沟通是父母与孩子之间思想与感情的传递和反馈，以求思想达成一致和感情的通畅。

当下父母与孩子之间的矛盾，主要原因是双方代沟和家长式的管理模式。多数父母以为：我是长者，孩子必须听我的，总把孩子当孩子，事实上则不然。试想：孩子也是有思想的，父母的意见并不一定都是正确的，父母与孩子的有效沟通才有可能避免不必要的家庭矛盾的产生。

人人都需要尊重，孩子也一样。

许多父母，只注重严和爱，却忽视了对孩子的尊重，包括对彼此的人格、情绪情感、兴趣喜好以及相关权利的尊重。

【案例1】

有这样一对父母，他们的精力几乎全部放在了孩子的身上，为孩子安排这、安排那，事无巨细。可孩子一点都不高兴。

有一次，妈妈问他："怎么啦？"他说："妈妈，我觉得您一点都不尊重我！您为我安排这些的时候问过我吗？尊重过我的意见吗？"

孩子的话像给妈妈当头一棒，她说："看来，我要好好反思反思了。"

【分析】

做父母的不妨反省一下，我们有没有遇到过类似的问题。沟通是家庭中关心彼此内心世界的一种方式，也是营造和谐、融洽家庭关系的重要途径。

父母经常与孩子平等沟通，是家庭教育中最自然、最便捷、最有效的方法。家里有什么大事小事，家庭成员间有什么疙瘩误会、疑难问题，都可以开诚布公地进行沟通，如此一来就会发现一切问题都变得明朗起来。

批评和唠叨不是有效沟通，而是让孩子反感的折磨。事实上，学习优秀孩子的父母一般都很少批评孩子，也很少唠叨，即使讲道理也比较简洁，绝无“喋喋不休”之弊。

因此，父母要学会说短话，长篇大论不适合家庭成员的交流，而且也会破坏孩子“宜淡宜静”的学习环境。

没有和谐宁静，孩子的任何学习心境和灵感都会在父母絮絮不休的叨念中消失得无影无踪。

【案例2】

黄某学习成绩不好，在校表现较差，平时考试几乎都是班上最后一名。

他的性格胆小、多疑、自卑、不爱动。在交往方面：不合群、孤独、自卑感强，常回避与老师同学相处；学习上：上课从不主动回答问题，回答问题也说不完整，语言表达能力差。家离学校比较远，属于寄宿生。

父母都是农民，平时经常出外做临时工，没有时间也没有精力与黄某沟通。与父母沟通的唯一话题就是考试成绩，父母一听说成绩不理想，不是一顿打，就是一顿骂，久而久之，黄某不再与父母沟通。

黄某自卑、孤独、压抑的心理越来越重。

学校老师找到黄某的父母，经了解发现父母对黄某的期望值过高，造成了黄某的心理排斥。

作为老师，只有给予相应的心理疏导和帮助，促使黄某改掉自卑，忘却孤独，增强自信，促使他大胆地与家长、老师、伙伴交往，促进心理素质不断优化，通过沟通和劝说父母为孩子减压，还给孩子一片自由发展的天空。

老师把黄某这几年来的学习情况、性格、交往的发展状况，以及他的智力发展分析给黄某的父母听，建议他们综合考虑黄某的实际情况，适当地降低要求，提出一些他能够达到的目标，并帮助他实现这一目标，克服望子成龙的急切思想，注意观察他实现目标后的表现，及时调整，循序渐进。

同时，老师还和黄某的父母经常联系，减轻黄某的心理压力。为他能轻松学习，老师建议父母对黄某多鼓励少批评，多关心少打骂，为黄某营造一个温馨和睦、充满爱的家庭环境。这促进了家长与孩子间的沟通，减轻了孩子与父母间的紧张感，消除了父母和孩子的隔阂，增进了亲情与温暖。同时也帮黄某树立起自信心和自尊心，促使黄某与人交往。

黄某的心理逐步健康，成绩也有了显著提高。

【分析】

案例中在培养黄某的沟通、交往、自信心问题上，老师发挥了重大作用，发现黄某的问题后，发挥了集体和伙伴的作用，通过同学的关心与爱护，帮助黄某在集体中找回自信、学会交往，向家长反映黄某的在校表现，表明想教育好其儿子的心意。比如：品德（交友、日常行为、礼貌等）、学习成绩等，向父母了解孩子的成长过程，尤其是重大事件，如小时候的生活行为，对父母的态度以及与父母、朋友的交流、沟通情况等。最终，采取措施使黄某克服了自身缺点，取得了重大进步。

认知：

理解：

做件什么事	怎么做的	做中的感悟

准备：

学会做：

让沟通拉近彼此距离

在家庭中，沟通可以使家庭成员之间增加了解，缩短彼此之间的距离，提高幸福指数。家庭遇到问题时，通过相互之间的沟通，可以达到集思广益的效果，充分发挥各自的主观能动性。

高效的沟通给孩子以积极影响，有助于树立各自的形象。无论是父母还是孩子，形象对良好的沟通影响很大。通过良好的形象来展现各自的修养，以达到沟通的最佳效果。

有目的地沟通，有利于加深父母与孩子的了解，感染孩子。

父母与孩子沟通前需要明确沟通的目的是什么？需要达到怎么样的效果？目的不同，沟通的方式、方法也不一样。沟通的主体是情感的交流，有效的情感交流会直接影响沟通的效果，因此，父母在与孩子沟通前，彼此需要建立积极、真诚、包容、理解和支持的氛围。

父母与孩子达成共识，才会有更好的效果。

父母与孩子的沟通一定要达成共识，相互合作，要达此目的，需要彼此真诚地交流。其实，这并不是一件难事，难的是父母一定要放下架子，保持和孩子在平等的位置上沟通。

另外，在沟通中如有更复杂的问题，要具体问题具体对待，在沟通中，遇到问题且无法继续进展时，需要回到最基本的层面上，每个层面都需要稳固双方平等的关系。

【案例1】

有人认为在家庭中，父母与孩子保持“零距离接触”，孩子回答父母的问题，做父母规定做的事，这种活动就是父母与孩子的互动。

小明已经5岁了，在家里父母叫他做事情时常常会这样说：“去把杯子拿来”“把报纸拿来”“赶快去弹钢琴”。

虽然有时候小明很愿意去做这些事情，可是每听到这样的话，反倒没有动力了。

“把杯子拿来”和“帮妈妈把杯子拿来”两句话，成人与孩子的感受有很大的不同。

孩子虽小，但同样不喜欢命令式口吻，喜欢受人委托。

每当父母要求孩子做一件事情时，作为孩子的养育者，如果总是难以忘记自己“教育者”的角色，就会在和孩子沟通时难以保持“零距离接触”，总是用“你要……”“你应该……”“你不能……”等话语命令孩子，其结果是家长命令得越多，孩子与父母的距离越远，交流愿望越低，久而久之，孩子便不愿意与父母交流了。

【分析】

显然，这种认识是肤浅的，这将使父母与孩子的互动流于形式。父母与孩子的互动旨在让孩子的思维积极主动起来，不仅要让他们“在思维”，更要让他们“会思维”。认知心理学指出：有问必答，有求必应，有时是积极思维的表现。

由此可见，父母与孩子的互动并不仅仅是一种教育形式，其实质是教育原则和教学思想的体现。凡是能调动孩子积极思维来完成认知飞跃的活动都可以看成是父母与孩子的互动。

【案例2】

妈妈要到集市去买东西，她不想带儿子去，但儿子非要去，被妈妈斥责了一番，孩子还是哭哭啼啼地在后面跟着。

妈妈无奈只好哄他说：“你回去吧，等我回来给你做好吃的。”孩子一听便不哭了，高兴地回家去了。

妈妈刚从集市回来，爸爸便马上要捉鸡准备杀掉它，妈妈制止他说：“我只不过是和孩子说着玩的。”丈夫说：“怎么能这样和小孩随便开玩笑呢？小孩子不懂事，他们跟着父母学，大人怎样做，他们也就学着怎样做。现在你欺骗他，就是教孩子学着骗人呀！做母亲的骗儿子，儿子也就不相信你，这不是教育孩子的好办法啊！”说完，丈夫就把鸡杀了，按照妈妈的承诺，给孩子做了美餐。

【分析】

身教重于言教。父母首先要注重自身的修养，树立自己的威信。一个不爱学习只顾自己吃喝玩乐的父母，或者一问三不知、品行恶劣、行为庸俗、自私自利、不孝敬老人的父母是不会培养出好孩子的。

认知：

理解：

做件什么事	怎么做的	做中的感悟

准备：

学会做：

与孩子沟通也要讲艺术

父母与孩子的沟通艺术主要表现在处理与孩子的关系上，沟通可以使问题迎刃而解，要明白：有时候父母做不到的事情，孩子反而能做到，可以建立起良好的亲子关系，获得更多的培养孩子成长的概率，减少对孩子培养的时间，遇有难事也可以得到孩子的谅解、协助和支持。

家庭中良好沟通关系的建立，并不是让父母做一个没有任何原则的人，无论是沟通还是说服，要达成的是双方的“一致性”。

所谓的“一致性”是指双方无论在生理上和心理状态上，达成双方观点一致、思考方式一致、行为模式一致。

沟通是幸福家庭的重要组成部分，是家庭管理艺术的精髓。家庭是由不同的家庭成员组成的，为了达到家庭幸福的目标，家庭成员之间需要密切地配合，只有家庭成员之间有了良好的沟通，才能促进家庭和睦、幸福美满。

与孩子进行有效的沟通是一门艺术，值得父母去研究。

父母要有真情，善于欣赏孩子。

做父母的都希望自己的孩子出类拔萃，在各方面要比别人家的孩子强，这是所有父母的一种愿望。

在现实生活中，这种愿望往往又不是以人的意志为转移的。

当孩子在成长的过程中，遇到困难时，父母怎样看待自己的孩子？在我们身边做父母的时常会出现这样的现象：要么简单地、粗暴地指责；要么就是棍棒教育。让孩子的情感处于一种压抑或困惑的状态。

孩子不敢与父母交流，心中的话总是藏着，久而久之，孩子的性格就会变得孤僻，心理的不健康因素也随之积累。如果我们在孩子处在困难时，换一个视角帮帮孩子，把“指责”转换成“欣赏式的沟通”，孩子又会怎么样呢？

1. 家庭沟通中的语言艺术

家庭语言艺术的沟通主要是指：父母对孩子的沟通要尽量温和、幽默，尽量使用优美的语言。可是，有些父母往往很习惯地选择不温和、不幽默、非优美的语言，这样就难以达到预期的效果。

这是为什么呢？道理很简单：你的沟通给孩子的往往是一种强迫，一种压抑，好像总是在命令孩子。

家庭语言艺术沟通，看上去简单。由于孩子没有很好地在心灵上接受，父母采取命令式的沟通，不仅不利于孩子的成长，还很有可能会造成孩子的误解。因此，根据孩子的年龄、性格特点，采用相应的语言至关重要。

2. 家庭沟通中的语气或音调的艺术

父母与孩子沟通时，语气和声调十分重要，用温和柔软的语气与用粗暴强硬的语气所产生的效果截然不同。

父母与孩子沟通一是要交流信息，要力争让孩子感觉到“与君一席话，胜读十年书”；二是要改善情绪，把幸福分享给孩子；三是调解气氛，纠正行动。

父母要达到成功沟通的目的，就要在思想立场、心理素质、文化知识、仪表举止和语言艺术上给孩子做好表率。

3. 家庭沟通中的肢体语言的艺术

沟通时的表情、手势、姿势、呼吸等，对于沟通的效果影响很大。据美国心理学家艾伯特·梅拉比安调查：父母与孩子之间的有效沟通，有声语言（含文字）仅占7%，语气和语调占38%。

当别人用咆哮般的语气和声调和你说话时，你会有什么样的感觉?

当别人用感性或温柔的语气和声调说“讨厌”“烦人”“你真坏”等的时候，你是什么感觉?

肢体语言占了55%，也就是说：沟通时的动作、表情、呼吸在与孩子的沟通过程中所表达的信息，往往超出所要表达语言的本身，父母与孩子沟通的失败往往就是忽略了这55%。

【案例1】

为了演出成功，小红选了一篇课文改写成了剧本，并把计划跟父母说说，妈妈很高兴，爸爸在一边插嘴道：“怎么选这篇课文，又长又不好演。”

“让你演什么你就演什么呗。”小红说。

爸爸说：“我觉得您选的课文不好，而且你每次都是写好了剧本，让我们演，你应该先让我们试一试。”

小红的话让爸爸意识到：过往家长对孩子总喜欢“包办代替”，他（她）已经长大了，为什么还不能让他（她）自主呢?

于是，爸爸愉快地接受了表演的任务，开始和小红商量怎么演。

课本剧表演得非常成功，父母和孩子一同品尝了成功的喜悦。

【分析】

在培养孩子的过程中，适当地放手，让孩子自己去创造、去实践。而不应该用条条框框的模式去束缚孩子的创造力，更不应该让孩子按父母的思维、想法去行事。要让孩子自己去行动，开发潜能，追求独特。

【案例2】

小红已经8岁了，在家里，父母叫他做事情时常常会这样说，“去把茶杯拿来”“把报纸拿来”“赶快去弹钢琴”等。虽然有时候小红很愿意去做这些事情，可是每每听到父母说这样的话，反倒没有动力了。

【分析】

世界上谁也不愿意接受强迫，孩子也一样，父母首先不是强迫孩子做事的；其次，也不是帮助孩子做事的，而是通过沟通使孩子不得不做事的人，也只有这样，孩子才会自动自发地做事，并且把事情做得更好。

认知:

理解:

做件什么事	怎么做的	做中的感悟

准备:

学会做:

沟通的有效法则

1. 镜面映现

镜面映现是说父母在与孩子沟通时，无论是语言、声音、肢体语言都要和孩子形成适当的沟通模式，换句话说就是父母的沟通语气、音调、态度、肢体语言、呼吸方式都应该保持与孩子共同解决问题的状态，只有这样才会与孩子产生一种共鸣，才会与孩子的个性相近，从而产生一种信任和亲近感，虽说这种感觉是潜意识的，但是，它将直接影响着沟通的效果。

2. 模仿和跟随

模仿和跟随是说父母与孩子的沟通可以模仿孩子的语气或思维，同其建立亲和力，保持在一个频道上沟通，父母以这样的语气、语调来引导孩子的沟通行为，使之产生更好的沟通效果，从而使孩子更容易接纳父母的想法和意见。

父母的模仿要具有转移性，当模仿孩子的语气、语调、肢体语言进入沟通磁场时，应迅速用父母的思维方式引导孩子的思维，使之尽快认识到自己的不足，达到教育的目的。

3. 角色认知

家庭的每一个成员都在扮演着不同的角色，角色间都有一个规范性的角色行为，由于父母长期对孩子的溺爱，孩子很容易混淆了自己的角色，如“认为父母什么都是应该的”“把自己的意见凌驾于父母之上”等。

此时，父母千万不要操之过急，要耐心地引导孩子，认清自己的角色，当孩子明白了自己的角色时，他（她）就会明白：自己要做什么，该怎么向父母表达自己的意见，哪些是自己不应该做或表达的。当孩子意识到并进入自己的角色后，便会注意自己面对父母的说话语气、表达方式，这样才不会再对父母冒昧、失礼、举止不当等。

总之，父母与孩子的沟通，首先要了解孩子的喜好、意识和关注点，把握好沟通的层次，掌握好沟通的动机，也只有这样，才能纠正孩子的不足，促进家庭的和谐、幸福。父母与孩子的沟通一定要知道孩子需要什么，解决问题的难点和焦点是什么，要了解孩子的潜意识，区分孩子存在问题的类型，如感性类、理性类、固执型、表现型等；找到问题的焦点和解决问题的瓶颈，看到孩子的弱点，有的放矢地与孩子沟通。

4. 要尊重孩子

家庭沟通中重要的原则是尊重孩子，只有尊重孩子，才能达到双方心灵的交流，进行高效沟通。

要注意维护孩子的“自尊心”，现实中的每个人都是有自尊心的，都希望能产生“我对你是有价值的，是非常重要的”的感觉。

俗话讲，“人敬我一尺，我敬人一丈”，如在沟通过程中，只强调让别人尊重自己，而不考虑对他人的尊重，就无法获得别人的尊重。

5. 要找准自我状态

在家庭生活中有两种自我心理状态：父母的自我状态和孩子的自我状态。

（1）父母的自我状态

父母的自我状态是指父母对孩子的态度及行为，父母有意无意地维护个人权威的潜意识的一种状态。

父母说话中常用命令式的语言，比如“你应该……”“你怎么总是……、你必须……”等；说话时动作幅度一般较大，潜意识中保护、建议、指导别人的意图较重。

父母的自我状态可分为两类即：批评式和关怀式。

批评式是以指责或者以自以为是的心态与孩子沟通，如“你不能这么做！”“你要照我说的去做，就绝对没有错。”等。

关怀式是指用关怀的态度说话，如“别担心了，你一定可以表现得很好！”等。

这种自我状态的特点主要表现在：注重事实资料的收集和客观理智的分析、站在客观的立场上面对事情、理智地分析问题。

父母的自我状态具有主动性和目标明确性，父母总是用过去的经验和知识预测孩子要实施行为的可能性，沟通中常用的词语有“能够、可能、可以检验”等。

（2）孩子的自我状态

孩子状态泛指孩子的冲动状态。

孩子的自我状态在行为上：情绪化、喜怒无常，无论做什么事总是希望得到积极的评价。

孩子常用的语言是：“我好开心哟！”“好棒呀！”“他会不会讨厌我？”“为什么我不可以？”“你太伟大了！”

这样的孩子遇到问题总是推卸责任，不敢承担责任（当然也不负责任）常说：“这事不怪我”“这不是我的错”“你好像就是这样告诉我的”等。

孩子的自我状态是孩子积压的一种情绪：“怕犯错误、受责备、喜欢受宠”。

在沟通过程中，由于时间、环境、地点和情景的不同，会不自觉地出现不同的自我状态。

6. 要勇于并善于表达自己

沟通本质上是一种思想和观念的交流。

如果在沟通时，你不敢表达自己的观点，或者是不善于表达自己的观点，孩子就无法了解你，他们只能根据自己的观察和对你的了解做出判断，如果状态不对，在进行沟通时就会出现障碍。

7. 要采取积极的态度

家庭的沟通是在父母与孩子之间进行的。

父母要明白：人是感情动物，孩子也不例外，因此，沟通时采取积极的态度是十分必要的。

在一般家庭中影响父母与孩子沟通效果的因素主要有以

下几个。

（1）自以为是

父母总以为："我是老子，你就必须听我的""我与你沟通已经不错了，你不听我的，就是不孝"。这种粗暴式的家长作风，很容易使孩子误解。父母总肯定自己，否定孩子，自高自大，瞧不起孩子，或目中无孩子，孩子很容易出现口服心不服，因此，与父母产生分歧，形成障碍。

（2）过于谦虚

父母总认为："我文化水平低，孩子水平高，一切都听孩子的"，这种态度低估了自己，表现为较谦虚，采用这种态度的家庭，虽然不会发生冲突，但这种否定自己，过于肯定孩子，悲观盲从，也不利于家庭的长期和谐，且很容易产生孩子不尊重父母的现象。

（3）自暴自弃

父母总觉得："我没文化，孩子也不怎么样"，这种人否定自己，也否定孩子，往往使家庭没有发展的目标，也没有建立幸福家庭的希望。采取这种态度的家庭，往往很难和谐幸福。

（4）"好好好"与世无争者

父母总认为："我好、你好、他也好"，这种试图与子女和平共处，即你好、我好、大家都好的态度，如果孩子也采用这种态度，家庭就很难进步。

试想：社会每天都在变化，地球也不可能停滞不前，只要有变化，就有新与旧、好与坏的产生。

与世无争是中和之道，避免了暂时的冲突，家庭的沟通是要解决问题，促进家庭进步，与世无争的家庭怎么能达到家庭进步的效果呢?

有经验的父母在面对类似的问题时，往往都会站在孩子的立场上考虑问题，即换位思考。

父母与孩子沟通时，不仅要注意沟通氛围，还要使这种氛围有利于达到沟通的目的，如沟通双方的共识、沟通时机和沟通地点的选择、沟通时座位的安排等，都会对沟通的目的产生影响。

在家庭沟通中孩子能提出不同意见，说明他对问题进行了积极的思考。如果孩子的建议有可取之处，可以补充和完善已有的方案；如果孩子的建议不可取，也可以了解孩子的真实想法。

只要孩子愿意说出他们的想法，不论是正面的还是反面的都是好事。因为，一方面可以倾听孩子的心声；另一方面，即使孩子有诸多不满，但只要他愿意说出来，就会对问题有一个正确解释和说服的机会。

【案例1】

早上第三节课上课铃刚响，林老师踏入10班的教室，里面一片闹哄哄的。这个被全年级老师公认是成绩、纪律双差的班确实令人头痛！林老师敲了几下桌子，班级里终于静下来了！林老师笑着问他们：“刚才被老师表扬啦，大家心情这么好！连上课都忘记了！”

“哈哈哈！！！老师，哪里？我们被老师骂了两节课呢！”同学们大声地抢白。

林老师一听，心想上午才上了两节课，被老师骂了两节课，这班孩子不当回事，还在炫耀！林老师耐着性子问他们："老师批评错了吗？"

大家都说没有，"每个老师都说我们懒，说我们爱说话，没有新意！"其中最爱多话的小鹏冒出一句！

"有没有老师表扬你们课堂比较活跃呢？"林老师笑着问？

"活跃的意思就是说我们话多！老师，你是讽刺我们吧！"

"不不！老师从来没有这个意思，我经常在办公室说，如果我开全年级公开课，我一定选你们班！因为你们比较聪明，脑筋比较灵活！"林老师继续说，"其实，你们也很厉害，上次考试英语成绩全年级排名第三呢！（其实是倒数第三！）"

同学们一听，霎时间安静下来，似乎从来没有听过这样赞美的话！"是吗？不是吧，每个老师都说我们成绩排最后呀！"

"没有的事，我保证，你们是第三，你们的基础都不差，看我们班同学上课的气氛多么活跃呀，怎么可能排最后呢。只是，有时候……"林老师停了一下，神情严肃起来，继续说，"我们同学太不懂事了，不懂得好好珍惜宝贵的学习时间，总是在嘻嘻哈哈中过日子，学习是辛苦的，没有人愿意在学校混日子。"林老师悄悄扫视一下同学们，大家都低下了头，"每次被老师批评后，我们是不是应该自己反省一下，老师说得对不，自己究竟错在哪里？……"

林老师耐着性子给他们讲道理，教室里越来越安静，同学们的头低得不能再低了！林老师乘机鼓励他们，“大家都打起精神，我们其实并不比别人差，看，我们英语比很多同学，很多班都好，只要肯学，我们一定比别人强！”

林老师这一节课虽然剩下不到15分钟的时间，但是同学们学得特别认真！

【分析】

在沟通中恰到好处地赞美是与孩子沟通的兴奋剂、润滑剂。

对孩子每时每刻的了解、欣赏、赞美、鼓励会增强孩子的自尊、自信。切记：赞美鼓励使孩子进步，批评抱怨使孩子落后。

【案例2】

“你看，隔壁的小涛都会做100以内的加减法了，你还什么都不会，你怎样才能赶上人家啊？”“楼下的那个妮妮实在太不像话了，去年读一年级以来，数学从来没考及格过，将来你可别这样。”

读大班的小飞现在最怕听到妈妈提小涛和妮妮，原来大家常常在一块儿玩，可是自从听了妈妈的唠叨，她都不知道自己还要不要和他们一块儿玩了。

【分析】

父母这样唠叨只会增加孩子的心理负担。学龄前的孩子由于抽象思维还没有建立起来，所以父母在告诉孩子什么该做，什么不该做的时候，不要给孩子一个笼统的“好孩子”“坏孩子”的概念，应该给孩子讲得具体和清楚，常给孩子讲生动的、鼓励孩子进步的小故事。

认知：

理解：

做件什么事	怎么做的	做中的感悟

准备：

学会做：

沟通中“听”的技巧

“倾听”是要让沟通达到最佳效果，即让孩子听进去、喜欢听。概括而言，倾听要达到以下效果。

1. 要听明白孩子的真实想法

知己知彼，才能百战不殆。通过倾听孩子的讲话，可以了解孩子的性格和对学习的态度及真实的想法，为进一步的沟通做好准备。

2. 要弥补自己的不足

俗话讲，“沉默是金”。倾听可以弥补父母自身的不足，减少错误发生的概率。

3. 要发现说服孩子的关键

倾听可以发现孩子不愿意表露的或者是自己也没有发现的关键问题，从而确定孩子的出发点和孩子的弱点，便于找出问题的关键点，有效地说服孩子。

4. 倾听获得孩子的信任

倾听是给孩子一个机会，让他尽情说出自己想说的话，孩子才会产生对你信赖的可能，给孩子留下好的印象，他才会把真实的想法和问题的关键表露出来。

5. 倾听可以找到孩子不愿听的原因

生活中孩子不愿意听父母“说”的事情时有发生，这种不愿意倾听的原因是什么呢？

一则孩子没有意识到倾听父母说的重要作用，低估了倾听的重要性，从而在听的过程中，往往心不在焉；二则父母总以没有时间、“忙”、时间紧为借口，不去倾听孩子的心声；三则在倾听谈话之前，可能已经知道了一些事情的原委和经过，或者已经有了自己初步的想法。因此，当父母说时，自以为已经了解了，不再注意谈话的内容，甚至还会感到厌烦，没有耐心听下去；四则急于表达自己的观点：大部分孩子都有喜欢发言的倾向，由于这种倾向的存在，很容易在对方说话时打断别人。

6. 要把握“倾听”的层次

倾听是一种复杂的技巧。掌握倾听技巧的父母往往能顺利地取得教育子女的成就，因此，倾听的技巧越熟练，教育的效果就越明显。

父母的倾听一般有三种情形：听而不闻、专注且设身处地地听、有要点地听。

（1）听而不闻

孩子向父母述说时，继续按自己的想法做事，看起来在听，但实际上什么也没听到。

这种情形的父母，一般不愿和孩子沟通，不理会孩子在说什么。往往在孩子说的时候，随意打断孩子的谈话。也有的父母不愿听孩子说，仅是出于某种心理，假装在听。其具体表现是：时而表现出很专注的样子，如看着孩子的眼睛，不时点下头以示赞同，事实上，对孩子谈话的内容却不得要领。还有的父母采用有选择地听，即只听自己感兴趣的话题和与自己观点相同的话题。

这种情形的父母给孩子的感觉是：不受尊重。试想：您不尊重孩子，日后怎么让孩子尊重你呢?

（2）专注地、设身处地地听

这种倾听的父母：以投入的姿态面对孩子、身体会向前倾、目光始终与孩子相对、面部表情热情、用心和脑倾听并做出回应，尊重孩子、理解孩子的观点，通过倾听达到与孩子沟通情感。

这种父母往往能站在孩子的立场上考虑问题，并做出回应：常常思考孩子为什么这样说，他的感受是什么，如果换了我，我会怎样，等等。

（3）有要点地听

倾听讲究“停”“看”“听”三个要点。

“停”就是停止自己的活动，注意力集中在孩子身上；“看”是一个观察孩子态度、情绪，了解孩子感兴趣的话题和内容的过程；“听”的过程中始终保持诚意，不轻易打断孩子，不仅专注而且时有回应。

在与孩子的沟通中，听的技巧很多，有技巧地听需要反复练习。其要点是：

◇表达“想要听”的诚意。

◇注意听孩子在说什么，而不是想自己接下来说什么。

◇不要带着自己的观点去听，不要随意将自己的经历和孩子的话联系起来，而要注重体会孩子谈话的内容、心情和感觉。

◇倾听后将孩子所说的话进行再创作。

◇站在孩子的角度看问题。

◇注意倾听孩子的言辞中所隐含的意义。

◇要有目的地倾听：注意听那些能解决问题的话。

◇即使不舒服也要坚持听下去。

◇听的过程中，进行适当回馈，将你自己的理解回复给孩子。

◇孩子总是对你的建议感到厌烦，孩子不想听你讲，但却很想你听他讲。

【案例1】

在美国有一个节目主持人，他主持和以孩子交流为主题的节目。

有一天，他问一个孩子：“假设你正驾驶着一架飞机飞行，飞机上满载着乘客，但是飞机突然没油了，你怎么办？”孩子不假思索地说：“我第一个跳伞。”这时，台下的观众哄堂大笑，他们没想到，孩子会这么鬼，遇到问题的时候，居然想到自己逃命。

等台下观众笑完了，主持人接着问："然后呢？"孩子说："赶紧去取汽油，然后去救他们。"这时候台下变得鸦雀无声了。所有的人都没有想到，在孩子单纯、幼稚的想法里，居然有这么善良而且博爱的心。

【分析】

案例中主持人"可贵"在哪里呢？就"可贵"在能把孩子说的话听完，正因为他把孩子的话听完了，他才能真实地、完整地了解孩子的想法。

所以说，倾听的根本是什么？是忘我。有时候，父母总把自己的想法放在心上，就很难听到孩子真实的声音。

【案例2】

有一个孩子，在路边蹲着看蚂蚁，这时候有个成年人过来，问他："孩子，你在做什么？"这个孩子说："我在听蚂蚁唱歌啊！"成年人非常地奇怪问："蚂蚁怎么会唱歌呢？"孩子说："你又没有蹲下来，你怎么知道蚂蚁不会唱歌呢？"

【分析】

看待事物的时候，父母多从孩子的角度去考虑，和孩子的思想保持一种同步，更重要的是，随着孩子的成长，要调整自己的步调，避免在和孩子一起看问题时，因角度不一致，而发生不必要的冲突。

认知:

理解:

做件什么事	怎么做的	做中的感悟

准备:

学会做:

沟通中“说”的技巧

俗话说：“祸从口出”，是有一定道理的。

“说”是有技巧的，许多父母工作很努力，到头来还是得不到领导和同事的认可，原因之一就是没有掌握说话的技巧，犯了“出口伤人”的错误。

有的时候，你对他说，他乐于接受，如果换个时间，他却觉得不耐烦。同样的道理，和孩子相处，父母也都要学习和掌握说话的时间、空间技巧。

1. 直接“说”的技巧

如果你暂时掌握不了“说”的技巧，要表达的意思，让孩子听起来比较复杂，理解起来也有一定难度，就可以换几种不同的方法，从问题的不同方面“说”，或多说几遍，直到问题表达清楚为止。

“说”也是有忌讳的，如传播流言蜚语、妄自评判、挑拨离间、找借口或粉饰、威胁孩子等话不要和孩子说。

2. 传播流言蜚语

“说”最忌讳的是传播流言蜚语，像孩子的隐私，还有抱怨、诉苦等。

在这个问题上，很多父母养成了这样的坏习惯：事情没做好总是先抱怨别人，就是不考虑自己哪些地方做得不妥、寻找解决问题的方法等。

“说”出来的大多是“我以为”，甚至变成了一些毫无证据的流言，这种说法即使不直接给家庭带来损失，也会有间接的损失。因此，为保证家庭幸福，提高效率，就要尽量减少一些流言蜚语。建议采取以下三种措施。

◇不要闲谈。

◇只讲能解决问题的话。

◇不仅要提出问题，而且要设法解决问题。

倾听可以使你了解他人，而表达则可以使他人了解你。没有表达，就没有沟通，因为你无法向他人阐述你的主张和思想。或者说，沟通是最有效的表达方式。

在沟通过程中，怎样说更有效？著名管理学家德鲁克对此做了精辟的概括。

第一，必须知道说什么。

与孩子进行沟通，首先要知道说什么。说的目的是什么？哪些话必须说？哪些话可以说？哪些话不能说？说的重点是什么？

第二，必须知道什么时候说。

有效的谈话是需要氛围的。同样的话，在不同的时间、不同的地点和不同的情境下往往会产生不同的效果。同样一句话，你对甲说，甲会全神贯注地听；你对乙说，乙却顾左右而言他。这就是说，说话的效果与说话的时机和对象有密切的关系。如孩子犯了错误，你要对其进行批评，就应该在他记忆犹新时进行，如果事情已经过去太久，大家对此已经记忆模糊，这时你才提出批评，会让孩子感觉你是抓住小辫子不放，是在算旧账。再如，有时候有些话应该在私下讲，如果在公开场合讲出来就会出现问题。

第三，必须知道话该对谁说。

父母的沟通对象主要是父母（公婆）、孩子、夫妻、兄弟姐妹以及邻居。

有些事情需要向某些特定的人讲，如果选错了沟通的对象，往往会出现沟通的障碍。在家庭生活中，经常会出现下面的几种错位现象。

◇应当向父母（公婆）说的话，却对孩子、夫妻、兄弟姐妹说。

◇应当对孩子说的话，却对父母（公婆）或夫妻、兄弟姐妹说。

◇应当对夫妻、兄弟姐妹说的话，却对父母（公婆）或孩子说。

◇应当对家庭成员说的话，却对邻居或同事说。

◇应当对当事人说的话，却对非当事人说。

第四，必须要孩子知道该怎么说。

面对孩子时父母要做到，一是在家庭生活中要严肃，不能马虎，不能考虑情面，要让孩子知道你是个有能力的父母；二要和蔼可亲，不能让孩子说你霸道；三在家庭里也要常做民意调查，听听大家对你的看法，无论谁提出什么建议，当时都不要有所表现，等事后静下心来，适当的时候再说。

◇父母妄自评判。

妄自评判是指主观、不完全或者目光短浅地妄下结论。

有的父母轻易就给孩子下结论，经常是草率地评价孩子是对还是错，是聪明还是笨，值不值得培养等。

事实上，这样做，就将孩子限制在自己想象的类别中而忽略了对孩子的多面分析和培养。

避免妄自评判的办法就是在做结论之前仔细考虑一下：如果孩子正好与你对他的评价相反怎么办？是否把孩子限制在某种框框里了？

◇父母使用借口和粉饰。

借口是为逃避父母的责任而想出的解释或者用来自我狡辩的方式。

粉饰则是为自己的行为寻找借口，粉饰自己的错误行为或回避现实的做法。

事实上，找借口粉饰自己得到的只能是自我嘲讽。

父母在与孩子的沟通中，一定要避免寻找借口和粉饰自己的行为。

◇父母对孩子进行威胁和下最后通牒。

在家庭生活中，当父母解决问题的困难时，往往会给孩子下最后通牒，威胁孩子："你是不是不想？……"

事实上，这种威胁是一种软弱、无能的表现，他只能造成孩子不必要的敌意，会让孩子觉得你缺乏对他（她）的责任心。

【案例1】

儿子小淘跑到书房，对正在工作的妈妈说："妈妈，你能陪我玩会儿跳棋吗？"妈妈回过头来看着小淘说："儿子，妈妈现在心里有点着急，手里有个材料着急做出来，你能体谅妈妈一下难处，自己在客厅玩会吗？"

小淘嘟囔着小嘴说："妈妈不陪我，就知道加班工作，这样对我不公平”。这时妈妈心疼地看着小淘说：“对不起儿子，妈妈知道不陪小淘玩，对小淘来说是不公平的。但妈妈现在的确有特别着急的事需要做，如果小淘非要妈妈陪你玩跳棋，那么妈妈心里也会很难过的，这样对妈妈来说也是不公平的，你说对不对？”

听完妈妈的话，小淘在妈妈身边停留了一会，似乎听懂了些什么，于是说：“妈妈，那我自己去玩了啊”，然后转身离开了，在客厅的沙发上自己玩起了乐高。

【分析】

孩子想让父母陪自己玩，但父母有时确实因为工作忙而不得不拒绝，这是家庭生活中常见的情景。很多父母的回答通常是这样的：“你没看见我在忙吗，我没时间，你自己玩去吧”。诚然，父母说的是实话，但与案例中那位妈妈相比，事情的结果还是有差异的，因此孩子所获得的心理感受是不一样的。

案例中的妈妈，最终也是拒绝了孩子的请求，但是她采取了三步策略，第一步说出了自己很着急的心理感受；第二步说出了小淘不依不饶的行为；第三步说小淘的这种行为对妈妈来说是不公平的。这是有效地“说”的三部曲，可以概况为：第一步，说出我的感受；第二步，说出你的行为；第三步，说出你的行为对我的影响。其中，有效地说最关键的是要从“我的感受”出发，而不是从“对方的行为”出发。从“我的感觉”出发描述一件事情，容易被当事人接受和理解，而如果首先从“你的行为”出发，那么多数情况是带有指责性的。如，你没看见我在忙吗？你这孩子就不能自己玩会吗？可见，当父母拒绝孩子的要求时，首先从“我的感觉”出发是非常必要的一项技能。

【案例2】

教会孩子记住父母的电话号码是常规的安全教育。3岁的辰辰要上幼儿园了，爸爸主动承担起了教辰辰记住父母电话号码的任务，结果一个星期下来辰辰还是没有记住。

妈妈是做教育工作的，对幼儿心理比较了解，看着爸爸这么费力就说让她来试试。于是，妈妈对辰辰说：“儿子，咱俩来玩个游戏好吗？”

辰辰兴致勃勃地说：“妈妈，什么游戏，怎么玩呢？”妈妈说：“这是一个拯救小白兔的游戏，你的任务就是记住密码，因为用密码就能救出小白兔了，你有信心记住吗？”辰辰满怀信心地说“有”，还摆出了一副势在必得的架势。

妈妈说：“有一只小白兔叫溜溜，有一天它溜出去玩了，不小心被一只小狼抓住了，小狼把它关在了一个有着秘密锁的笼子里，并且上了密码锁，还洋洋得意地说，谁都救不了它，因为谁都不知道我的密码。”

妈妈接着说：“有趣的是，小狼担心自己也忘记了密码，于是就自言自语地小声地说了起来，我的密码是:138-7899-6518”。这时妈妈故作神秘地对辰辰说：“儿子，这个密码就是能营救小兔子溜溜的密码，但是我只说两遍，你要认真听啊”。结果，妈妈仅仅说了两遍自己的电话号码辰辰就记住了。

这时，在一旁看热闹的爸爸，急忙赶过来对辰辰说：“儿子，营救小兔子溜溜的第二个密码是……”前后不到15分钟时间，父母两人的电话号码，就在与孩子玩耍的过程中都记住了。最后，为了加深记忆，妈妈还引导辰辰用扑克牌把电话号码摆了出来，从此之后辰辰再也没有忘记过父母的电话号码。

【分析】

电话号码对于幼儿而言，是抽象的、无趣的，因此记忆难度较大。做教育工作的辰辰妈妈，知道幼儿阶段正处于具体形象思维阶段，需要借助故事情景来学习，因此她通过创设营救小白兔的故事，来引导辰辰记住了妈妈所说的电话号码。

通过这个案例可知，父母针对哪个阶段的孩子来说、具体说什么和怎么说是有技巧的。其中，知道这个年龄段孩子的年龄特点和心理特点，对具体说什么和怎么说起到至关重要的作用。可见，学习和了解儿童的年段特点和心理特征是很有必要的，可以起到事半功倍的教育效果。

认知：

理解：

做件什么事	怎么做的	做中的感悟

准备：

学会做：

沟通中“动态语”的作用

在与孩子沟通中父母要掌握一些行之有效的动态语，以增强沟通的效果，如头语、手语、鼻语、唇语、目光语等。

1. 头语

点头，一般表示赞成、肯定、理解、承认、礼貌、问候等意思。点头也可能有其他意思：有节奏地点头，表示赞成、肯定等。

头部动作也是运用较多的身体语言，而且头部动作所表示的含义十分细腻，需根据头部动作的程度并结合具体的条件来对头部动作传递的信息进行判断。

点头可以表示多种含义，有表示赞成、肯定的意思，也有表示理解的意思，有表示承认的意思，还可表示事先约好的特定暗号等。

在某些场合，点头还表示礼貌、问候，是一种优雅的社交动作语言。

摇头一般表示拒绝、否定的意思。

在一些特定背景条件下，轻微地摇头还带有沉思的含义和不可以、不行的暗示。另外，头朝孩子略微侧转表示注意，单手或双手抱头表示沉思、沮丧或懊恼。

2. 手语

手的动作是身体动作中最重要也最明显的部分。

由于手部动作比较灵活，运用起来更加自如，许多演员、政治家和演说家通常会通过训练使自己有意识地利用一些手语来加强语气。

一般来说，手语都是无意识地运用的，由于个人的习惯不同，讲话的具体情况不同，沟通双方的情绪不同，手势动作也就不同。采用何种手语，因人、因物、因事而异。总的来说，不同的手语表达不同的含义。

（1）手指语

双手插在上衣、裤子口袋里，伸出两拇指，是显示高傲态度的手势；将双臂交叉胸前，双拇指翘向上方，这既显示防卫和敌对的情绪，又显示十足的优越感；若在谈话中将拇指指向他人，这是嘲弄和藐视的信号；若伸出食指，其余的指头紧握，表示因不满孩子的所作所为而教训孩子，带有很大的威胁性；如果将双手手指架成耸立的塔形，表示有发号施令和发表意见的欲望；如手指呈水平的尖塔形则表示愿意听取孩子的意见。

当把拇指和食指做成一个圆形时，意思是“好”；拇指与食指、中指相擒，则是一种“谈钱”的手势；当我们分开食指和中指做成V字形，并将手掌朝向他人时，则意味着“胜利”；把食指垂直放在嘴边意味着“嘘”等。

（2）手掌语

判断一个人是否诚实，有效的途径之一就是观察他讲话时手掌的活动。敞开手掌象征着坦率、真挚和诚恳。手掌藏在背后、将双手插在兜内或者双臂交叉不露手掌表示心虚要撒谎；掌心向上，摊开双手，表示真诚、坦率，不带任何威胁性；掌心向下，表明压抑、控制，带有强制性和支配性，容易使人们产生抵触情绪。比如，当会议进行得很激烈时，有人为了使大家情绪稳定下来，做出两手掌心向下按的动作，意思是说“镇静下来，不要为一点小事争执了”。

（3）背手语

双臂背在背后并用一只手握住另一只手，表示有一种优越感和自信。双臂背在身后，表现自己有胆略。若双手背在身后，不是手握手，而是一手握另一手的腕、肘、臂，则表示沮丧、不安并竭力进行自我控制，暗示心绪不宁的被动状态，握的部位越高，沮丧的程度也越高。

3. 鼻语

虽然鼻子很少表现，而且大都用来表现厌恶、戏谑之情，但若用得恰当也能使话语生辉。比如，愤怒时，鼻孔张大，感情会表达得更为强烈。

在沟通活动中，当你内心对某事不满时，应理智地处理它，或委婉地说出来，千万不能向孩子皱鼻子。

4. 唇语

唇的动作也能从各方面反映人的内心：鄙视时嘴巴一撇；惊愕时张口结舌；忍耐时紧咬下唇；微笑时嘴角上翘；气急时嘴唇发抖等。

5. 目光语

在面部的各器官中，目光最富于表现力。

目光是人内心世界，即修养、道德、情操的自然流露，是外部世界与个人内心世界的交汇点。一个人的目光既可以表现他的喜、怒、哀、乐，也可以反映他心灵中蕴含的一切内容。

有经验的父母很注意恰当而巧妙地运用自己的目光，借以充分发挥口才的作用。如果说话不善于用目光传情，总是呈现出一种无表情的目光，就会给孩子一种呆滞、麻木的感觉，无法引起孩子的注意，也不利于孩子的理解。

【案例1】

周末的时候，张姐家的孩子不小心把茶几上的加湿器弄坏了，因为害怕妈妈的指责，孩子撒谎说“不是我弄的”。张姐看着他微微发红的笑脸，觉得孩子一定在为自己撒谎而内疚，便鼓励孩子说：“宝宝，加湿器坏了没关系，还可以修，妈妈更希望听到你说实话！”孩子低下头揪扯着衣角，嘴里小声地嘟囔“不是我”。这句话显然没有第一句有底气了，张姐确定孩子撒谎了，没有直接批评孩子，从孩子的肢体语言中看出孩子的内心很纠结。

于是，张姐耐心地引导孩子说：“宝宝，妈妈相信你说的话，希望宝宝不要让妈妈失望呢。”孩子犹豫了会儿，眼泪汪汪地对张姐说：“妈妈，我撒谎了，是我弄的！”张姐摸了摸孩子的头，表示自己很为孩子勇于承认错误的表现骄傲，帮孩子擦掉了挂在眼角的眼泪。

【分析】

关注孩子肢体语言的父母更能够了解孩子的内心真实想法。当孩子的表达能力有限时，肢体语言反而是最真实的情感表达。

当父母能够通过一定的肢体语言给予回应，那么孩子会更加愿意与父母建立信任感、亲密感。

比如，“温暖地拥抱、怜爱地摸摸头、赞许地点头”等等，这些肢体语言都传达出“爱”的信号，让孩子更能够接受，尤其是对于消极情绪来说，这些肢体语言可以使消极情绪得到纾解。

事实上，一个温暖的拥抱远比长时间的说教更加能够得到孩子的回应，更能够让孩子感受到教育引导。父母需要学会关注识别孩子的肢体语言，也需要懂得运用肢体语言来实现与孩子的有效沟通。

【案例2】

周末，董红在和儿子逛超市的时候，她的儿子看到了一辆玩具汽车就向妈妈索要。但是家中已经有好几个类似的玩具汽车了，董红明白这多是儿子的新鲜感在作祟。

董红嘴上答应儿子说：“好，等妈妈发了工资之后再给你买”，而心里想的却是等孩子这个“热乎劲”过去了，就不会在意玩具汽车了。

儿子却回应道："妈妈，你别骗人了，我知道你下个月也不会给我买的。"本着不纵容孩子浪费的心理，董红确实是欺骗了儿子，让董红好奇的是，究竟是哪里露馅了呢？经与孩子沟通，是董红的表情让孩子看出了她心中的想法。

【分析】

沟通中，交流不仅限于语言上的对话，肢体语言、神态转变等同样在"说着话"。语言本身具备着欺瞒性，但是，神态和动作往往传递出更大的信息量，并且更具真实性。

父母对孩子的行为要持续关注，识别孩子的肢体语言建立在了解孩子本身的基础上。

抓住孩子真情流露的时机，有利于找到激发孩子回应反馈的突破口，毕竟"90%的沟通来自肢体语言"。保持肢体上的碰触，更能拉近与孩子间的距离（图4）。

认知：

理解：

做件什么事	怎么做的	做中的感悟

准备：

学会做：

本章复盘

◎小问题

回答下面的问题，帮助你理解有效沟通在家庭教育中的必要性。

1.与孩子沟通的目的是什么？

2.沟通首先要学会什么？

3.沟通的步骤是什么？

4.沟通的肢体语言有哪些？

5.沟通的效果有几层？分别是什么效果和表现？

6.沟通和情商应该如何链接？

7.沟通的方式不同，其效果有哪些不一样？

8.人与人之间沟通中的问题有哪些？

如何做更好的父母

◎收起你的懦弱，摆出你的姿态，在不受别人尊重时，千万别由于怕别人笑话而不愿意与孩子沟通！

◎就算周边的人（含家庭成员）都否定你，你也要相信自己，不要去管别人的看法，要记住：别人的话不过是阳光里的尘埃，下一秒就被风吹走。

◎脚下的路是自己走出来的，总是犹豫不决，不如勇敢地踏出一步，你要相信，世上本没有路，走的人多了，便成了阳关大道。

◎不管你如何尽心尽力，都有可能不被欣赏，总有人认为不够好，既然如此，不管别人怎么看，你也不能放弃。

“管理好自己”思考题

【反向思维】

◎沟通没有用，孩子不愿意沟通！

◎沟通到位了，孩子听不懂！

◎孩子与我，道不同不相为谋！

◎和孩子沟通很丢人，怕被孩子瞧不起！

【正向思维】

◎沟通之后，家庭和睦了！

◎沟通之后，孩子的能力提高了！

◎沟通之后，父母与孩子相处更融洽了！

◎沟通之后，父母与孩子的误会没有了！

与心对话

每日一问：

家庭生活中总有一些磕磕绊绊的冲突点，很多事情都需要沟通，你面对这些家庭琐事是怎么解决的呢？你身边的家庭又是怎么处理的呢？

请将你家庭生活中的所见、所想记录下来：

陶行知说：教育技巧的全部诀窍就在于抓住儿童的这种上进心，这种道德上的自勉。要是儿童自己不求上进，不知自勉，任何教育者就都不能在他的身上培养出好的质量。可是只有在集体和教师首先看到儿童优点的那些地方，儿童才会产生上进心。

从小就让孩子有竞争意识

- 陶行知经典故事
- 何谓竞争
- 公平竞争的特征与原则
- 竞争并不是“事事都要争第一”
- 适当增加竞争的活力
- 产生竞争意识的四个层次
- 让孩子在竞争中享受快乐
- 培养孩子竞争中的合作意识

陶行知经典故事

山海工学团刚成立的时候，农民的孩子有了读书的地方，烧香拜佛的红庙成了教室，可是没有孩子们用的桌椅。上课的时候，同学们带来自己的凳子，有大有小，高低不一。

一星期以后，学校请来了木匠师傅，他闷着头做凳子，一天能做好几个。陶行知走过来，看见木匠师傅满身是汗，就递给他一杯水说："我们不是请你来做凳子的。"木匠疑惑地望着陶行知："那叫我来做什么？""我们是请你来做'先生'的。""我可不识字。"木匠慌了。陶行知笑着说："我是请你来指导学生做木工的。你如果教会一个人，就可得一份工钱。如果一个也没教会，那么就算你把凳子全做好了，还是一文工钱也得不到。"木匠显出为难的样子。陶行知亲切地说："不要紧，你不识字我们教你。我们不会做木工，拜你为先生。我第一个向你学。"说着，陶行知拿起一把锯，对准木板上划好的线就"吭哧""吭哧"地锯起来。

第二天，广场上摆着木匠工具，老师带着孩子们来学做凳子。有个小朋友嘟囔着："我们是来读书的，不是来做木匠的。"一个大人看见孩子拿起工具，不小心就很容易弄破手，也皱起眉直摇头。陶行知笑着说："我有一首诗读给大家听听：'人生两个宝，双手与大脑。用脑不用手，快要被打倒。用手不用脑，饭也吃不饱。手脑都会用，才算是开天辟地的大好佬。'你们看写得如何？"小朋友都拍手说好，那个大人也不好意思地笑了。

从此，每天孩子们都学做凳子，他们也当“小先生”，教木匠师傅认字。

3个月后的一天，教室里的50个孩子，都坐着自己做的凳子。讲台上还有孩子们自己制作的杠杆、滑车等玩具和仪器。家长们挤在窗口、门外，信服地点头叫好。

陶行知在讲台前，念起了一首刚写好的诗：“他是木匠，我是先生。先生学木匠，木匠学先生，哼哼哼，我哼成了先生木匠，哼哼哼，他哼成了木匠先生。”孩子们看看坐在他们身边一起听课的木匠，大家都笑了。

姚文采是陶行知的同乡，陶行知请他到晓庄学校教生物课。第一次上课，陶行知就让他先把书本摆到一边去，要“随时教育、随地教育、随人教育”。姚老师教了十多年生物课，从来没有不带书本去上课的时候，他弄不懂陶行知是什么意思。傍晚，他看见陶先生与两个叫花子在亲热地交谈。陶先生和那两个人谈完话，就叫学生领他们去洗澡，然后告诉姚文采：“这是我从南京夫子庙请来的两位老师，来教大家捉蛇。晓庄附近有许多蛇，经常咬伤人，让蛇花子来教大家捉蛇，你看怎么样？”姚文采没说话。蛇花子开始为晓庄师生上生物课了，课堂就在山里。

几天以后，最胆小的女孩子也敢捉蛇了，她们说：“只要击中要害，蛇并没有什么可怕呀！”大家还懂得了蛇没有脚为什么跑得快，蛇没有耳朵怎么听得见声音，以及蛇是老鼠的克星等知识。姚老师终于理解了陶先生的用心。他带领学生采集标本；把挖草药的老农请来教认草药；请种花木的花匠来教种植花木的方法；请中国科学社的专家来教怎样辨别生物科别及定学名。晓庄附近的花草树木都挂起了学名牌，生物课从此上得生动活泼。

何谓竞争

竞争是指发生在两者或两者以上，为了达到某种目标，争取其所需求的而与对方争胜的行为。

竞争有直接与间接之分。

直接竞争指参加竞争者，彼此把竞争的目标，转到对方的身上所发生的交互作用。比如，各类比赛，必须胜过对方，才算达到目标。

间接竞争是指参与竞争者，不必彼此直接发生接触，也不必彼此互相认识，而可以在不同地区发生竞争状态。比如，两个国家的产品，在国际市场上互相竞争，参加者彼此就不直接接触。

竞赛所产生的形态，有的会导致冲突，有的不会引起冲突。前者的竞争，如工作职位、薪资高低、男女爱情的竞争、学校内孩子之间的学业竞争、社会地位的竞争，都有可能发生各类冲突。

竞争的种类有：宣扬式竞争、经济性竞争、国际的竞争、学术性竞争、制度的竞争等。

宣扬式竞争是为增进收益，打击他方，利用广播、电视、广告等传播工具，以争取其所需求的目标；经济性竞争是有目的地扩展营业，获取财富，以提高经济地位的竞争；国际的竞争是国与国对武力优势的竞争，扩张领土的竞争；学术性竞争是学说理论的竞争，科技发明的竞争，学术地位的竞争等；制度的竞争是在时代变动的状态中，新制度的产生与对旧制度的保存，二者互相竞争。

竞争的效果是鼓励创新、创造和进步，使人类走向新的生活形态，是社会变迁的重要因素，这是竞争的最终目的。

互相争胜特指商品生产者为争取有利的产销条件而进行的相互斗争。

为了胜负或优劣而进行的争斗，为了追求自身利益而力图胜过他人的行为和过程，竞争是人类社会最公开化和透明化的过程。经济学上的竞争是指经济主体在市场上为实现自身的经济利益和既定目标而不断进行的角逐过程。

竞争法中的竞争是指市场经济活动主体为了自己的最大利益而以其他竞争者为竞争对手的争取交易机会和市场的行为。

【案例1】

在很久以前，挪威人很喜欢吃沙丁鱼。但是沙丁鱼的生命总是很脆弱，经常还没上岸就已经全部死亡。

渔民们纷纷想各种办法，想让沙丁鱼活得久一些，卖个好价钱，可是都没有成功。

然而，有一条渔船带上岸的沙丁鱼总是很生猛，因此自然最受欢迎。过了很久才发现，原来他们把鲶鱼混进了沙丁鱼群里。

我们都知道鲶鱼和沙丁鱼是不同种类的鱼，当两种不同种类的鱼被放在同一鱼槽时，鲶鱼会因陌生的异类而四处乱窜。

同时惊慌的沙丁鱼自然也会跟着游动，从而激发了沙丁鱼的活力，最后沙丁鱼才得以活着上岸。这就是心理学上“鲶鱼效应”，它告诉我们一个道理：通过竞争可以激发一个人内在的潜能，并能取得意想不到的成果。

【分析】

当今社会，竞争越来越激烈，你不努力，就会被竞争对手抛在后面。

父母鼓励孩子竞争并不是坏事，但要避免盲目竞争，要教孩子正确面对竞争。

有竞争，就会有输赢，就会产生成功者和失败者。

有良好的心态，孩子才能赢得真正的胜利。相信自己，本身就是一种“自我竞争意识”，连自己都不敢相信的孩子，从根本上就失去了和别人竞争的能力。告诉孩子不管能不能拿到第一，只要自己付出最大的努力，不断超越之前的自己，就是胜利。

输赢只是一时，而过程带给自己的影响是“坚定的上进心”，会助力自己成功的一生。

【案例2】

加拿大一位享有盛名的长跑教练，短时间内培养出了多名长跑冠军。

人们四处打探他的成功秘诀，结果却让大家颇感意外。

原来秘密就在于他有一个神奇的陪练，这个陪练不是人，而是一匹凶猛的狼。

为了使运动员始终保持竞技状态，这位教练一直要求队员跑步到训练场，不能使用任何交通工具。

有一名运动员的家距离训练场并不远，但他每天几乎都是最后一个到场。

教练准备放弃他，劝告他早些改行，以免浪费自己的时间。

突然有一天，这名队员竟然比其他人早到了20分钟。教练根据他离家的时间进行测算，惊奇地发现其速度已经打破了世界纪录。

原来，这名队员在离家不久经过一段5公里的旷野时，遇到了一匹野狼。野狼拼命地追，吓得他在前面拼命地跑，直到将野狼远远地甩在后面。

打破世界纪录仅仅是因为一只野狼，因为后面有一个可怕的“敌人”，敌人将这名队员的全部潜能最大限度地激发了出来，教练对此颇有所悟。

不久，教练就请了一名驯兽师，带来几匹狼，每到训练时刻，就将狼从笼子里放出来，追赶运动员，结果队员的成绩有了很大的提高。

【分析】

这名教练之所以能够取得成功，是因为他掌握了一个道理，即竞争的力量能让一个人爆发出最大的潜能，创造出惊人的成绩。因为，竞争对手就在你面前，如果你不努力，你的生命就会有危险。同理，孩子在成长的道路上也是如此，如果缺乏竞争力，最后只能被他的竞争对手打败。

认知：

理解：

做件什么事	怎么做的	做中的感悟

准备：

学会做：

公平竞争的特征与原则

竞争能力培养可以通过若干个成功的案例使孩子知道竞争能力不仅仅是学习书本知识，更重要的是能够积极参与社会实践，将学习与实践结合起来，鼓励孩子学会主动参与竞争、培养自身的竞争能力，为将来走上社会打下坚实的基础。

1. 竞争的基本特征

竞争必须发生在两个或两个以上的单位主体之间，如果在特定的市场里只有一个单位主体想参与竞争，则不称其为竞争。

在特定的市场里虽然有两个或两个以上单位主体可以参与竞争，但由于其中一个单位主体实力过强，其他单位主体无法与之匹配，该单位将导致垄断。竞争就在于让特定的市场存在两个或两个以上的单位主体，使两者之间形成竞争关系。

2. 竞争的基本原则

自愿原则。当事人按自己的意愿设立、变更或终止商业关系，不得强买强卖。

平等原则。参加交易的主体法律地位平等。

公平原则。参加市场竞争主体按规矩行事，不得非法获取竞争优势。

诚信原则。善意、诚实、恪守信用、不得欺诈。

做任何事情都要遵守以上商业道德原则，不可滥用竞争权利。

3. 竞争必须发生在同行业的生产经营活动中

首先，在生产或经营同类商品的企业之间，或提供同类服务的企业之间发生竞争是不可避免的。其次，竞争必须是在企业生产经营活动中的争夺。

4. 竞争必须发生在同一个特定的商品市场或劳务市场上

竞争还有卖方竞争和买方竞争之分，前者是作为卖方主体的商品和劳务提供者之间的竞争，后者则是作为买方主体的商品和劳务的接受者之间的竞争。

【案例1】

在2001年百度果断选择复制美国同行的商业模式，使它在中文搜索服务市场方兴未艾之际，获得了市场竞争的先发优势。

当Google还没有来得及全面进入中国市场时，百度则利用“Google模式”率先培育并做大了中文搜索服务市场，获得领先的市场竞争优势。

【分析】

竞争对手是一面镜子，能照到自己的不足，更能完善自己。学习对手的优点，是一种精神。

面对孩子的竞争对手，父母应该引导孩子不要怀着敌对的心态，而应视为学习的动力、目标以及榜样。

要辩证地看待竞争，而不只是局限于“争”这一个层面。

如果把竞争对手视为自己学习上的伙伴和朋友，不但会使自己受益匪浅，也有利于他人的学习。

学会处理竞争与合作的关系，将为以后的学习和工作奠定良好的基础。

【案例2】

昊昊的父母深知现在社会上的竞争日益激烈，于是为了不让自己的儿子在竞争中被淘汰，从小就运用各种方法鼓励昊昊竞争。

昊昊也很争气，没有辜负父母的期望。从小学到初中，每次考试成绩均在班上名列榜首。

正当昊昊的父母自以为实施的鼓励措施发挥功效时，没想到在儿子中考前夕却传来了坏的消息。

原来，当天下午，昊昊的班主任宣读期中考试成绩，意想不到的是，昊昊这次考了个第二名，一向位居榜首的他怎么也不能接受这个现实，一气之下，他拔出随身携带的小水果刀，刺伤了超过他的那个同学的胳膊，扬长而去。

【分析】

这个案例让我们了解，父母让孩子学会竞争，但并不能盲目鼓励。

培养孩子的竞争意识和竞争能力已成为当前家庭教育的重要内容，很多父母像“昊昊的父母”一样，他们知道让孩子了解竞争的重要性是非常必要的，于是他们通过各种措施鼓励孩子参与竞争。

鼓励是一件好事，但是盲目地鼓励孩子竞争，非但起不到推进作用，还会导致孩子为了得到鼓励而恶性竞争，使得孩子成功时沾沾自喜，失败时怨天尤人，甚至伤害别人。

父母要告诉孩子，竞争应该是有利于社会，有利于集体和他人，也有利于自己的，不可以不择手段地去战胜对方，更不可以做出伤害同伴的事情。

竞争的目的是促进彼此进步，以追求更高的目标，成为更好的自己。

认知：

理解：

做件什么事	怎么做的	做中的感悟

准备：

学会做：

竞争并不是“事事都要争第一”

孩子从进入幼儿园开始产生“事事要争第一”的意识，小朋友之间就开始有了竞争，性格不同的孩子表现有所不同：有的孩子反应快、动作也快，好胜心强，极易形成急性子；有的孩子认真仔细，做事不急不慢，逢事总是被教师催促，极易形成慢性子。

急性子的孩子从早上来园开始，在每一个环节中都会“争第一”。如教师还没到，他就到了，对第二个到的小伙伴自豪地说“今天我第一名”。

从楼上下楼，准备做早操的时候，教师说："走了，下去了……"话还没说完，就会有小朋友快速冲到门口，目的就是"争第一"。

玩游戏的时间到了，为了示范游戏的玩法，教师会带一个小朋友进行示范说："我想请一个小朋友……"还没等教师说完总会有小朋友飞快跑到教师面前，牵着教师的手说"我先来"。

为了能站在第一排做早操，在做操前的环节，有些孩子不离开老师半步，就是为了守住第一排的位置。

有的小朋友经常会遭到别的小朋友投诉："老师，他为了站第一排不认真玩游戏。"

做完操回教室，有些孩子又争着要得第一。要进教室进餐时，拿早餐要第一；上课时，抢椅子要第一；排队喝水时，会冲过去争第一；玩游戏时，排队一定要第一；上厕所要第一；上床要第一；该收玩具和不收玩具时，要当第一；完成作业要第一；跑步比赛要第一；早上刚被父母送到幼儿园，有些孩子就对父母说："你一定要第一个来接我。"

父母每天为帮助孩子"争第一"忙个不停。

对于上述现象，父母和教师都不必花太多精力去解释、制止，只要给他（她）使眼色提示一下，能使他（她）意识到自己的行为已经让大家感到不开心即可。

随着孩子年龄增大，其竞争意识、好胜心越强，这种现象越来越严重，男孩子争，女孩子也争，有时还会出现武力对抗，如打架、闹矛盾等。这些都是孩子成长过程中的必然现象，父母和教师要在孩子的不同年龄段给予引导。

对于4岁前孩子争第一的意识，父母和教师可鼓励孩子："看谁第一？谁最先完成？"等。

孩子到5岁时争第一的现象开始明显，并且带出了很多不好的行为习惯，教师和父母就要注意纠正偏差了。

孩子6岁后争第一的现象越来越严重，经常相互投诉，教师和父母一定要认真分析，根据孩子的性格特点正确引导。

如果有孩子因争第一而不遵守规则的现象出现，父母和教师就要及时指出其行为的危害并给予制止。

对于这种问题的出现，父母和教师一定要认真分析，找到问题形成的原因。比如，为什么会出现这种现象？孩子们对争第一有什么想法？该怎样引导孩子争第一？

从积极的方面看，孩子随着年龄的增长，竞争意识开始萌生，他们认为第一就是最棒的，也正因为要争第一，他们的能力得到迅速发展，只有认真听教师和父母的要求，才能做出最快的反应。

为了争第一，他们的学习状态一定是主动的，思维一定是活跃的，性格一定是活泼的。

为什么"争第一"对孩子有这么大的促进作用，还会让父母和教师犯愁呢？

从不利的方面看，安全是最重要的。

孩子们为了争第一，往往用跑、冲、撞的动作完成，在大家都想争第一的情况下，难免会发生矛盾，而解决这些矛盾多半以推、挤、抓、打的形式完成，很容易发生危险。有竞争就会产生矛盾，影响孩子之间的团结。

一旦出现这种情况需要教师和父母认真分析、及时处理。

现实生活中，一部分在竞争中失败的孩子往往会流露不高兴的情绪，对获胜的一方充满敌意，不再和对方交朋友，甚至怂恿别的伙伴也孤立他。这就要求父母在培养孩子竞争意识的同时，也要提高孩子的道德水平，教育孩子在竞争中学会宽容。让孩子明白：竞争不应该是狭隘的、自私的，竞争者应该拥有广阔的胸怀，必要时甚至要与对方合作。

【案例1】

王先生常和孩子聊天，曾经对他的孩子讲这样的一个故事。

2008年年初，奥巴马和希拉里成为民主党内的竞争对手，竞争几近白热化。奥巴马获胜后，希拉里却满面笑容地打电话恭贺他当选，并且和克林顿一起为奥巴马的当选拉票。后来，奥巴马任命竞争对手希拉里为美国国务卿。这才是强者的风度，不但宽容自己的对手，而且和对手充分合作。

【分析】

父母在培养孩子健康的竞争心态上起着极为重要的作用。

6—12岁通常被认为是培养孩子竞争力的最佳时期，这期间孩子对各种竞争的结果都特别敏感。

父母应该积极地鼓励孩子参加集体活动，激发孩子参与竞争的热情和动力可以让孩子不断提高自己、超越自己。

对于孩子来说，在班级、运动场上，参与到竞争性的活动之中比获胜更为重要。

父母在培养孩子竞争意识的过程中，也应让孩子明白，竞争不应是狭隘的、自私的，竞争应具有广阔的胸怀；竞争不应是阴险和狡诈，暗中算计人，而应是齐头并进，以实力超越；竞争不排除协作，没有良好的协作精神和集体信念，单枪匹马的强者是孤独的，也是不易成功的。

【案例2】

李先生原来在一家乡镇企业工作。

当时，乡镇企业比较红火，待遇不错，但他并没有被眼前的红火冲昏头脑，他认为过度的红火可能就是危机来临的先兆。

他一直保持着积极进取的心态，危机意识非常强烈。他酷爱写作，十几年如一日地写日记，在不知不觉中，练就了扎实的文字功底。后来，乡镇企业走向低谷，李先生不得不走进了人才市场。这时，他练就的文字功底就派上了用场。

在一次招聘会上，他找到了自己发展的空间。只有中专文凭的他竟被聘为一家大企业的策划。受他的影响，儿子也对日记格外重视，文字表达能力提高很快，并经常在作文比赛中获奖。

李先生的危机意识，使得他在竞争中获得了成功，并在生活中影响了儿子，培养了孩子积极竞争的意识和自信心。

【分析】

案例中的李先生居安思危，在危机面前不气馁，运用自己的“特长”渡过难关，在竞争中取胜，并影响了儿子，培养了孩子积极的竞争意识和自信心。

每个父母都应该鼓励孩子建立自信，敢于面对竞争。每个人都不可能是全才，有长处也有短处。父母通过身教帮助孩子找到自己的优点，帮助孩子建立坚定的自信，这是面对竞争时，合格父母首先要做的。父母要引导孩子挖掘自己的优点，不断强化，使孩子走出自卑的困扰而变得自信起来。帮助孩子发现自身优点和长处是克服害怕竞争的良方。一个人的兴趣和才能是多方面的，要注意发挥自己的长处，挖掘自己的潜能，这样就能增加成功的机会，减少挫折。同时，有竞争就会有胜负，即使处于劣势时，也要保持积极进取的态度，而不要采取贬低或破坏对方活动的方式来获得自己的优势，也不要心生嫉妒或采取不正当的手段，更不要就此一蹶不振。

认知：

理解：

做件什么事	怎么做的	做中的感悟

准备：

学会做：

适当增加竞争的活力

竞争的力量会让孩子发挥出巨大的潜能，创造出惊人的成绩。如果不鼓励孩子参与竞争，就很难开发他们的潜能。

孩子要想去与人竞争，首先要有竞争意识。竞争意识是指对外界活动所做出的积极、奋发、不甘落后的心理反应，它是产生竞争行动的前提。

现代社会是一个充满竞争的社会，有竞争才会有进步、有发展，对个人、集体、国家都是如此，一个人如果不具备竞争的意识和竞争的能力，很难在社会上立足。

因此，要让孩子能适应明天的竞争，成为生活的强者，就必须从小注重对孩子竞争意识的培养。

鼓励孩子参与竞争，对于孩子的健康发展具有重大意义。不仅可以增强孩子的自信心，孩子在竞争中表现出来的精神和才能，还会使孩子对自己做出肯定的评价，进一步激发孩子奋发向上：既可以克服孩子的胆怯、保守和自卑心理，还可以激发孩子强烈的求知欲望，因为竞争会使孩子认识到只有具备知识和能力才能领先，因而努力学习各科基础知识和基本技能，此外，它还可以提高孩子的耐挫能力，有竞争，就免不了要遭受挫折，孩子品尝过竞争失利的滋味，可提高对未来可能遇到的挫折的承受能力。

【案例1】

康康小朋友有一段时期，总是和别人比赛做事情。例如，准备出门的时候，他要第一个穿上鞋子跑出去；一起剥橘子，他要第一个剥完。在康康这个阶段，父母正确引导可以增强孩子的自信，利用孩子的竞争意识锻炼孩子的自理能力。

康康的父母也总是满足他的愿望，常常故意做得慢一点，让康康第一个做完。每一次康康都很开心，觉得自己很棒。

【分析】

在这个阶段，如果适当地让孩子体会到经过努力得到第一，有利于建立他们的自信，增加自己的事情自己做的信心。

【案例2】

琳琳进入幼儿园后，和伙伴之间有了竞争意识。小朋友之间或者在幼儿园的活动中，不可能像在家里这样，父母可以故意输给孩子。

这个时候，父母可以抓住恰当时机培养孩子正确面对竞争，明白争第一是好事，但是，要告诉孩子："得不了第一没关系，下次再努力。"让孩子慢慢接受自己的对手得第一，那是对方做得比自己好。

琳琳妈妈通过在家中陪孩子玩游戏的机会培养孩子的抗挫折能力。比如，和琳琳一起搭积木，她一定要搭得最高。小时候因为她没有耐心，也做不好，琳琳妈会故意输给她，让她得第一，能够坚持多玩一会儿。大一些了，琳琳妈就偶尔也让自己赢一次。

开始，她会很生气。琳琳妈就装作无辜的样子说："哎呀，每次你都得第一，我最后一名，可是我也没生气，还是陪你玩啊。我好容易得第一啊，你再跟我玩一次吧。"

慢慢地，她对妈妈得第一名也不那么介意了。

【分析】

除了正常的好胜心，孩子有"争第一"的习惯常常是大人错误的溺爱养成的。

父母不能因为孩子小就过度地纵容，久而久之孩子就形成了唯我独尊的性格。

认知：

理解：

做件什么事	怎么做的	做中的感悟

准备：

学会做：

产生竞争意识的四个层次

生活中，孩子的竞争意识主要表现在四个层次：

第一个层次，不自觉的竞争意识。在与小伙伴的相处中“争强”“好胜”便是这种意识的表现。

第二个层次，朦胧的竞争意识。有时他们的竞争行为不再是不由自主、浑然不觉的了，而是有了朦胧的意识，“我要超过他”“我要争第一”。但这时的孩子还不能用竞争意识调控自己的行为。

第三个层次，明确而狭隘的竞争、班级之间的竞争，并且开始用竞争意识调控自己的行为。

第四个层次，较为自觉且涉及面较广了的竞争意识。他们意识到学习上的竞争、考试中的竞争、环境中的竞争等，且有较为自觉的竞争行为。

父母应深入了解自己孩子的竞争意识在哪个层次，以便全面地去培养，只有孩子有了竞争意识，才会有勇气战胜困难。

【案例1】

爸爸带小飞去听一个有关写作的报告，进到会议大厅后，爸爸就拉着小飞的手，走到第一排中间的位置坐下。

小飞回头看看，发现大部分小朋友都坐在后面，他们坐的位置就在主席台的下方。

小飞觉得有些不妥，便小声和爸爸说：“是不是坐得太前面了，离讲台也太近了。”

爸爸笑笑说：“就是要坐得近才听得清楚呀。”小飞听了，无可奈何地坐下，但是，心里始终觉得有些不妥。

做报告的老师讲到最后，为了锻炼孩子的表达能力，请了几个孩子上去用简短的话介绍自己。

坐在第一排的小飞觉得避无可避，在爸爸的鼓励下，勇敢上讲台做自我介绍，赢得了小朋友的掌声。

在回家的路上，小飞为自己今天的表现感到特别开心。

【分析】

当孩子胆小或缺乏自信时，父母要像案例中小飞的爸爸那样，鼓励孩子坐第一排。原英国首相撒切尔夫人在一次采访中说：“她的一切成就归功于父亲的教育和培养，而让她印象深刻的是父亲从小就给她灌输永远坐在第一排的观点，从小培养了她的领袖气质。”

竞争需要胆识，胆识就是胆量与见识，有了胆量，孩子就敢于冒险，敢于迎难而上，开拓进取。

有了见识，孩子就会见多识广，博闻强识，了解现实，并能驾驭现实。

【案例2】

小明的妈妈每天晚上都和孩子爸爸一起陪孩子玩游戏，搭积木、拼图，有时还会用竞赛的方式，这样孩子更有积极性，同时也能培养他的竞争意识。

一般情况下，他们都会故意示弱，让孩子赢，借此让他更自信，也更有胆量。每次赢了，孩子都特别有成就感。

有一次，孩子和爸爸玩滚球游戏，孩子赢了两次，后来再玩的时候，爸爸没让着他，结果他输了。输一次情绪就不对了，输两次就没耐心了，输到第三次的时候就开始发脾气，大哭起来。

这时父母才意识到孩子早已习惯了胜利，对失败竟然无法承受。

现实生活中怎么可能一直保持不败呢？是不是父母的爱有了偏差，带给孩子的并不完全是积极乐观的性格呢？

【分析】

从案例中我们了解到，在现实生活中谁能总是常胜将军呢？虚假的胜利，并不能真正带来自信的成果。专注于兴趣探索，在游戏过程中忍受挫折、克服困难、解决问题，分享成功的喜悦，才是真正的成就感。

很多父母在与孩子的交往、游戏过程中，往往过于强调孩子自尊心的维护而迁就孩子，为了保持孩子心情愉悦，他们往往故意输给孩子。

孩子会在意输赢，就是因为父母的态度，父母如果对孩子输和赢时的态度没有适当的表达，会让孩子产生错误的归因，例如，孩子赢时大力称赞奖励，输时却未给予正面的鼓励，甚至表达出可惜的样子，就可能给孩子一种无形的压力。

生活就像一场比赛。比赛本来就有输有赢，有时你赢，有时我赢，这样的比赛或竞技才有意思。

父母可以告诉孩子，他人胜利时，并不代表自己很差，而是自己还有进步和挑战的空间，同时也别忘了提醒孩子看看自己是不是比上一回更进步。

认知：

理解：

做件什么事	怎么做的	做中的感悟

准备：

学会做：

让孩子在竞争中享受快乐

竞争中孩子会很自然地产生快乐的感受，如：玩乐的感受、受控制的感受、注意力高度集中的感受、精神快乐的感受、时间失真的感受和挑战自我的感受等。

1. 玩乐的感受

即喜欢做某件事情并沉浸其中，不知疲惫，感觉就像玩儿一样。

有个“乐此不疲”的成语，总结了这一感受。即因酷爱干某事而不感觉厌烦，形容对某事特别爱好而沉浸其中。

孩子有了这样的感受，即可产生对认真、专注、爱好、酷爱、沉浸等的心理认知。

2. 受控制的感受

即专注，如：吃饭、睡觉都在想着这件事情，就像着魔一样。

用心做事有三种境界：揣摩、琢磨、着魔。一般人只能做到不停地琢磨一件事，而能做到着魔却是一种难得的境界。孩子如果到了这种着魔的境界，就没有办不成的事和达不到的目标。

3. 注意力高度集中的感受

即排除干扰，专注做事，极其投入。

无论做什么事，都会心无旁骛地完成自己锁定的目标，不被外界打扰、做事不拖延，会让孩子在享受快乐的同时，也享受日后做事的成功。

4. 精神快乐的享受

即孩子陶醉于挑战的刺激，享受着成功的愉悦。

陶醉是人生获取快乐的工具，带着它去欣赏他人，去享受美好。

陶醉的力量，能使孩子对生活流连忘返，为度过跌宕起伏、五彩缤纷的人生奠定基础。

5. 时间失真的感受

即感到时间过得太快，不够用。

时间就是生命，浪费时间就是浪费生命，浪费别人的时间如同谋财害命！时间对于孩子来讲：一寸光阴一寸金，寸金难买寸光阴……孩子在竞争中无形就增强了时间观念。

6. 挑战自我的感受

孩子在竞争中会自然地挑战一切困难和自身极限，想尽千方百计，在较量中不服输而取得成功。这将为孩子日后事业的成功奠定良好的基础。

为了使孩子在竞争中保持活力，不断提升个人能力，父母需要注意培养孩子最基本的素质，要求孩子要生活自理、认真学习、珍爱生命；要对集体负责、遵纪守规、维护荣誉；要友爱同学、关爱长辈、关心社会上的其他人；要遵守公德、保护环境、关注社会；要了解国情特点、有国家安全意识、公民基本的权利和义务等。

要培养好孩子的基本素质，父母要避免使用不利于孩子基本素质养成的管教方式。

有的父母对孩子管教靠命令，如“这些是你必须遵守的规则”“违反规则就要受到惩罚”等，不允许孩子参与事情的决策过程；有的父母对孩子的管教没有原则，一切凭孩子的意愿去做，盲目相信孩子。

正确的管教方法是父母和孩子一起来制定规则，共同决定在遇到问题时的解决方案。

当必须由孩子独自做出决断时，父母应坚定而和善地从维护孩子尊严的角度，给予引导。

【案例1】

慧慧的竞争意识很强，也很健康。她父母高兴地看着女儿顺利地进入市重点高中。可到了高三，女儿在班里的成绩排名从原来的第二名退到了第四名。爸妈有些担心，怕孩子的情绪受到影响。

在与女儿聊天时，慧慧告诉父母自己的打算：“我们学校的学生进入重点大学没有问题。无论是前两名还是前四名，再说我的平均分一直都很稳定，所以我对自己很有信心。不打算在一分两分上与同学拼个你死我活，那太没意思了。我想把更多的时间花在扩充知识面上，比如熟悉电脑、多上网、练练打字和增强自己的英文阅读能力。我要加强自己的综合学习技能，这也为我上大学，甚至以后工作打好基础。”

慧慧的父母听了女儿的一席话，感到女儿真的长大了，并由衷地高兴。

【分析】

自主、自律、自信、自理能力强的孩子，无论是竞争意识，还是竞争能力，都会比其他孩子强一些。因为这些孩子个性突出，能坚持，自身就蕴含着无穷的竞争能力。

案例中的慧慧就是一位自信的女孩。建议父母平时教育孩子要多花些时间去发展孩子的自主、自信、自律等良好的个性品质。

让孩子用自己的语言去表达感受、用自己的眼睛去看待世界、用自己的价值观去判断是非。

根据自己的实际，决定应该怎样去学习、生活、竞争。相信自己，用自己的力量，去实现自己所追求的目标。

这样，孩子才能变得乐观向上，容易体验到成功感，从而变得越来越自信。

【案例2】

小明很争强好胜，身体素质好，运动会短跑在全校总能进入前六名；智力很好，在班级里，进入初三以来，总成绩没出过第五名。

小明还爱唱歌，校内搞歌手大奖赛，他也抢着参加。没能获奖，回家后每天练十几分钟，非要下次获胜不可。

小明的父亲觉得他太争强好胜了，锋芒毕露了不是很好，别人会说他骄傲，便劝他退一退，让一让，这样显得谦和，能获得同学们的好感。而这个孩子则认为爸爸的见解有些过时，认为现代社会就得有竞争意识。

【分析】

案例中的小明同学是个有竞争意识的孩子，因争强好胜的性格，父母担心他一旦受到挫折难以应对。当下我们的父母往往包容孩子的竞争意识的培养，现代社会又特别需要竞争意识。所以，父母要正确理解竞争，让孩子们知道最重要的竞争对手就是他们自己。

让孩子了解每一次竞争我们都要感谢对手，因为对手让我们了解自己的优点和不足，让我们把自己看得更清楚，每一次的竞争体验都是一次进步和提升，不存在失败与胜利，不管结果如何都会从中收获成长。

认知：

理解：

做件什么事	怎么做的	做中的感悟

做件什么事	怎么做的	做中的感悟

准备：

学会做：

培养孩子竞争中的合作意识

当今社会是一个竞争与合作并存的社会，每个人都应该用积极的姿态主动迎接各类挑战、参与各类竞争，以适应时代发展的需要。同时，现在大多的独生子女习惯了以“我”为中心，唯我独尊，常以放大镜看别人的缺点和自己的优点，这是他们走向社会、走向成功的主要障碍之一。

1. 合作与竞争意识

竞争是互动的双方为了达到某种目的，在社会同一领域与对方展开争取胜利的比赛。竞争是促进人发展的一种动力，能激发人的积极性，培养人的进取心、坚韧性和大胆创新的精神。

合作是指两个或两个以上的个体或群体为达到某一共同的目的而联合，为相互利益而协调一致的活动。

2. 培养孩子敢于竞争、善于竞争的个性

孩子成才的关键在于适应激烈的社会竞争。

竞争的结果总是胜败相伴，鼓励人追求胜利，也培养人不怕和接受失败，而后者对于一个人的人生历程更具意义。

如何培养孩子敢于竞争、善于竞争呢?

要让孩子参与各种各样的竞赛活动，使孩子明白竞争是在“公平”的基础上进行的。成功与失败、机会与风险对所有人是均等的。“公平竞争”是一种道德教育，要树立起“公平竞争”的意识与观念。

竞争的意义在于参与者得到的各种心理体验与心理调整，特别是在紧张、落后的情况下，心理承受能力得到的锻炼与提高。由此，父母要支持孩子参加各类比赛，如举行班级间的排球赛、篮球赛等。父母既要对孩子进行指导，还要对其比赛心理进行正确的引导，既激发孩子的集体荣誉感，又使孩子的心理更趋成熟。

为增加比赛的激烈性与趣味性，可根据孩子性别、体质、技能、技术等方面的差异，采取“让分赛”“让距跑”“让

时赛”等方法，使比赛在“人为公平”的基础上进行。

赛后要认真讲评，使胜者不骄、败者不馁。特别是在孩子尽了全力仍然失败时，更要加以肯定，鼓其斗志。要引导孩子做自我总结，明白自己“为什么能胜”“为什么会败”，从中取长补短，以期取得更大的进步。

在成绩考核与达标测试中，要让孩子参与不同层次的竞争，使孩子有较为明确的奋斗目标，从而努力学习，缩短差距。

3. 培养孩子合作意识与合作能力

合作意识需要通过某种活动，通过人与人交往，共同完成任务和对各种结果的经历，以及成果共同分享和责任共同承担的关系来培养。

在不同的学习单元，指导孩子确立短期目标、中期目标、远期目标，让孩子在目标的指引下不断挑战自己。比如，学习正面双手垫排球，短期目标：掌握技术——熟练掌握并能控制好球；中期目标：自垫时能达到规定高度和一定数量；最终目标：规定时间和区域内，在规定高度上达到规定的数量，即满分的标准。通过制定目标，孩子就会不断挑战自己，达到自制的每一个目标，从而培养了孩子自我竞争的意识。

树立榜样，让孩子有学习、比较、赶超的对象。比如，学习某一个动作技术时，让一些技术强的孩子进行示范展示，然后定一个赶超对象，通过相互学习、观察、评价来不断地提高自己的动作技术水平，从而培养孩子相互竞争和合作的意识。

采用小组间的游戏、比赛等活动。通过这些活动能增强团体的凝聚力，培养孩子的竞争和合作意识。比如，短跑时的接力跑比赛，增加一些器材，如用接力棒，要让孩子体验不仅个人的速度要快，还要注意两人之间接力棒的交接要成功，只有做到掌握技术、相互默契配合才能取得小组最后的胜利。通过这些练习，使得孩子的竞争与合作意识在既紧张又快乐的氛围中得到培养。

当今社会，竞争越来越猛烈，人们越来越认识到培养孩子竞争意识和竞争能力的重要性。

培养孩子的竞争意识和竞争能力成为当前家庭教育的重要内容。

父母应通过各种措施鼓励孩子参与竞争，竞争中不要盲目鼓励孩子，这种鼓励不但起不到推进孩子进步的作用，还会导致孩子为了得到鼓励而恶性竞争。

一般孩子成功时都会沾沾自喜，失败时怨天尤人，甚至仇恨对手，严重的还会做出损害他人的举动，使原本有益的竞争变了味道，甚至走向歧路。

【案例1】

涵涵的父母面对社会上日益猛烈的竞争，为了不让自己的孩子在竞争中被淘汰，从小就运用各种方法鼓励涵涵竞争。涵涵很争气，没有辜负父母的期望。

从小学到初中，涵涵的各门功课成绩均在班上名列榜首。

正当涵涵的父母以为鼓励措施发挥作用时，没想到涵涵在体育测试时，传来了不幸的消息。

当天下午，体育老师宣读了体育全能测试成绩，涵涵这次测试得了第二名，从小学一年级至今一直位居榜首的涵涵，怎么也接受不了这个现实，一气之下，拔出水果刀，刺伤了自己的胳膊，因伤势过重、流血过多住进了医院。

这个案例让人震动！为什么涵涵会有这样的举动，第一名与第二名又有多么大的差距第一名和第二名之间？很有可能就是稍不留神、或稍不注意的一刹那的事情，与平时的学习与锻炼基本没有关系，孩子又为什么那么重视这个“第一名”呢？涵涵的父母如梦初醒，原来是平时没有帮助孩子树立起正确竞争意识的缘故，这个案例也给众多父母敲响了警钟。

【分析】

父母在鼓励孩子竞争时，一定要把握好尺度，不要陷入盲目鼓励的误区，而要有目的、有针对性、科学地引导孩子参与竞争。

父母鼓励孩子竞争并不是坏事，但要避免盲目鼓励和过分的要求，要教育孩子正确面对竞争，让孩子明确有竞争就会有输赢，就会产生成功者和失败者。

【案例2】

有一位叫薛宝林的父亲，分享了他儿子与同学友爱的故事。

他的儿子曾经因为脚受伤有一段时间不能上学而焦虑，他的同学每天为他带作业，有的为他补习课程，老师也专门为他补课……当时，薛宝林有意提示孩子，如果没有老师、同学的关心，你是不是心里会很难受，而且还担心学习跟不上。以后别人有困难，你会不会也帮一把呢？

因为抓住了恰当的教育时机和孩子的心理，而不是简单说教，他儿子很容易就明白和接受了这样一个道理——感恩不在于花哨的言辞和平时的锦上添花，而要用朴实的心和行动在别人需要的时候雪中送炭。

后来，他儿子在一篇作文里专门感谢那些帮助过他的同学，立志要像他们那样。他班有一个同学学习不好，他儿子就经常在电话里或周末上门去辅导那个同学功课，后来那个同学转学了，他儿子还是不时用各种方式鼓励他。

【分析】

“上善若水”，一个内心善良、充满爱的人，是很难被伤害的，他有着无尽的竞争能力，他懂得感恩、理解、宽容、信任、积极、热情、专注等优秀的品质。案例中的男孩儿就是一个助人为乐，有爱心、感恩的孩子。他通过帮助别人让同学都喜欢他。

所以，父母应帮孩子端正心态，让孩子明白竞争是展示自身实力的机会，是件美好的事，让孩子知道和同伴之间的团结协作也是现代生活中不可或缺的品质。父母要用自身行动做出示范，孩子自然会感同身受（图5）。

认知：

理解：

做件什么事	怎么做的	做中的感悟

准备：

学会做：

父母的人格魅力

父母应该是孩子的第一任教师，是孩子的榜样，凡是要求孩子做到的，父母必须先做到。父母要有高尚的品德，应该时刻关注孩子的成长，要以身作则、言行一致、以德正己、以才称职、以仁聚贤，总之父母的行为要成为孩子的楷模。

本章复盘

◎小问题

回答下面的问题，帮助你理解竞争意识培养在家庭教育中的必要性。

1.培养孩子竞争意识的目的是什么？

2.培养孩子的竞争意识首先要做到什么？

3.培养孩子竞争意识的步骤是什么？

4.培养孩子竞争意识有哪些要注意的环节？

5.培养孩子竞争意识有什么效果和表现？

6.培养孩子竞争和掌握知识应该如何区别？

7.培养孩子竞争的方式不同，效果有什么不一样？

8.培养孩子竞争的问题有哪些？

如何做更好的父母

◎收起你的懦弱，摆出你的姿态，重视起竞争意识培养，不要打击孩子的积极性！

◎就算周边的人（含家庭成员）都否定孩子，你也要相信孩子，不要管别人的看法。

◎孩子的能力是通过竞争意识培养出来的，要相信，世上本没有做不到的事，只有不做，才适得其反。

◎不管孩子如何，都可能不被欣赏，总有人认为他不够好，不管别人怎么看，你都不能不注意培养孩子的竞争能力！

“管理好自己”思考题

【反向思维】

◎培养孩子竞争没有用，孩子就是不愿意学习！

◎培养孩子竞争到位了，孩子还是不好好学！

◎我对孩子的竞争意识培养，道不同不相为谋！

◎竞争意识培养不到位，反而被别人瞧不起！

【正向思维】

◎竞争意识培养之后，家庭和睦了！

◎竞争意识培养之后，孩子的能力提高了！

◎竞争意识培养之后，父母与孩子相处更融洽了！

◎竞争意识培养之后，父母与孩子的误会没有了！

与心对话

每日一问：

家庭生活中总有一些磕磕绊绊的冲突点，很多事情都需要竞争意识培养，你面对这些问题是怎么解决的？你身边的家庭又是怎么处理的？

请将在家里看到的记录下来：

参考文献

[1]迈克尔·W.阿普尔.意识形态与课程[M].黄忠敬译.上海:华东师范出版社,2001.

[2]PIERRE B,JEAN-CLAUDE P. Reproduction in education, society and culture[M]. London,Eng:Sage Publications Ltd.1990.

[3]保罗·弗雷尔.被压迫者教育学[M].顾建新,赵友华,何曙荣译. 上海:华东师范大学出版社,2001.

[4]JEAN J. Studies in Socialism[M]. New York:Wentworth Press,2019.

[5]陶行知.陶行知全集[M].成都:四川教育出版社,2005.

[6]陶行知.中国教育改造[M].上海:上海亚东图书馆,1928.

[7]徐德春.做学教ABC[M].上海:上海世界书局,1929.

[8]陶行知.中国大众教育问题[M].上海:上海大众文化社,1936.

[9]陶行知.行知书信[M].上海:上海亚东图书馆,1929.

[10]陶行知.行知诗歌集[M].上海:上海儿童书局,1933.

[11]陶行知.行知诗歌前集[M].上海:上海儿童书局,1935.

[12]陶行知.行知诗歌三集[M].上海:上海儿童书局,1936.

[13]陈青之.中国教育史[M].北京:中国社会科学出版社,2009.

[14]孙培青,杜成宪.中国教育史[M].3版. 上海:华东师范大学出版社,2008.

[15]王陆.虚拟学习社区原理与应用[M].北京:高等教育出版社,2004.

[16]莱斯利 · P.斯特弗. 教育中的建构主义[M].高文译.上海:华东师范大学出版社,2002.

[17]日本筑波大学教育学研究会.现代教育学基础[M].钟启泉,译.上海:上海教育出版社,2003.

[18]ROBERT M G,WALTER W W,KATHARINE G,et al. 教学设计原理[M].王小明,庞维国,陈保华等译.上海:华东师范大学出版社,2007.

[19]周文彪.生活创新教育[M].北京:新世界出版社,2013.

[20]侯怀银,张宏波.社会教育解读[J].教育学报,2007:3-8.